王奕鑫/编著

松下幸之助是这样战斗

应急管理出版社
·北京·

图书在版编目（CIP）数据

像松下幸之助那样战斗/王奕鑫编著 . – – 北京：应
急管理出版社，2019

ISBN 978 – 7 – 5020 – 7443 – 2

Ⅰ.①像… Ⅱ.①王… Ⅲ.①松下幸之助（1894—
1989）—商业经营—经验 Ⅳ.①F715

中国版本图书馆 CIP 数据核字（2019）第 076844 号

像松下幸之助那样战斗

编 著	王奕鑫	
责任编辑	陈棣芳	
封面设计	于 芳	

出版发行 应急管理出版社（北京市朝阳区芍药居 35 号 100029）
电 话 010 – 84657898（总编室） 010 – 84657880（读者服务部）
网 址 www. cciph. com. cn
印 刷 三河市宏顺兴印务有限公司
经 销 全国新华书店

开 本 880mm×1230mm$^1/_{32}$ **印张 6 字数 151** 千字
版 次 2020 年 1 月第 1 版 2020 年 1 月第 1 次印刷
社内编号 20181075 **定价 32. 80** 元

一

从一个家境贫寒、只读了小学四年级、年仅9岁就远离家乡到百里之外的城市打工的命运弃儿，到成为令全世界瞩目的松下电器总裁和董事长，松下幸之助走过了一条怎样艰难曲折的道路？

松下幸之助曾被美国《时代周刊》尊称为"经营之神"与"管理之神"，还曾被日本高中生评选为"最尊敬的人"。他现在不仅是日本国民精神的象征，也是世界上众多青年争相学习的楷模。他那近乎传奇的创业故事，激励与鼓舞了一代又一代人的创业。

松下幸之助已经不再只是一个称呼，它还被赋予了更深层次的含义：一种拼搏向上、不屈不挠的精神，一种爱民爱国、尽心敬业的品格，一门经营与管理的学问。有人说松下幸之助的一生简直就是一个阿修罗（战争之神），不管白天还是黑夜，他总是在不停地战斗，为了自己的理想、荣誉，为了日本的繁荣、富强而不停地战斗。

如果说是松下幸之助及"松下幸之助们"成就了日本现代发达的经济，那么又是什么成就了松下幸之助呢？这个问题一直盘旋在笔者的脑海。为了寻求答案，笔者苦心研究了松下幸之助成长的轨迹以及他创业经营的艺术，写出了《像松下幸之助那样战斗》，希望能带给年轻人一点感悟。

《像松下幸之助那样战斗》一书的写作，并没有简单地停留在对松下幸之助辉煌而又富有传奇色彩的一生的叙述上，而是进一步提炼了他独特的经营管理思想精华。

二

故今日之责任，不在他人，而全在我少年。少年智则国智，少年富则国富，少年强则国强，少年独立则国独立，少年自由则国自由，少年进步则国进步，少年胜于欧洲则国胜于欧洲，少年雄于地球则国雄于地球。

上面这段读后令人荡气回肠的文字，选自《少年中国说》，百余年前，为了激发年轻人的斗志与勇气，伟大的思想家梁启超先生曾做此文。梁启超先生的慷慨言辞激励了一代又一代的中华健儿，为了中华之崛起不惜抛头颅、洒热血。今日，我们重读此文，仍有振聋发聩、热血澎湃的感觉。希望广大青年朋友在新的历史时期，融入经济建设的浪潮，为振兴中华而努力！

王奕鑫

2019年9月

目 录 Contents

第一章　打工生涯的贫穷与苦难

　　有机会在经营前辈身边做事时，要好好地撑住；但是，更要做好你自己。

——松下幸之助

◆ 开始打工时仅10岁

　　松下幸之助于1894年出生在日本歌山县的一个乡村。4岁那年，一场罕见的龙卷风袭击了歌山县，将松下幸之助家的房屋摧毁。紧接着，他的父亲松下正楠因做投机生意而将祖传的土地赔得一干二净。

　　仿佛一夜之间，天灾人祸接踵而至，松下幸之助原本殷实的家庭落入上无片瓦、下无寸地的境地。无奈之下，正楠携全家迁至歌山市谋生。

　　正楠承蒙朋友的帮助，在歌山市开了一家小店。但由于他经营不善，小店不久就关了门。雪上加霜的是，同一年，松下幸之助的大哥、大姐和二哥死于流行疾病。这样，正在"雄寻常小学校"读一年级的松下幸之助，成了多灾多难的正楠夫妇唯一的儿子。

　　次年，松下正楠为生活所迫，只身离家前往大阪，并在大阪找到一份稳定的工作，他用这份工作的微薄收入，维持着远在歌山市妻儿的生活。

1904年深秋，读小学四年级的松下幸之助接到父亲正楠的来信。正楠在信中要求松下幸之助放弃学业，前往大阪一家火盆店当学徒。

就这样，年仅10岁的松下幸之助离开母亲，独自踏上开往大阪的火车。

大阪的那家火盆店是一家自制自售的家庭小店，老板官田带两个工人在作坊做火盆，然后摆到店面销售。做火盆是技术活儿，还轮不到新学徒上手。松下幸之助唯一能接触火盆的活儿是擦亮火盆。他用木砂纸磨掉盆面的毛刺，然后用干草抛光。上等火盆，光是抛光，就得费一整天工夫。松下幸之助细嫩的小手很快就磨破了，并且红肿得像馒头。时值初冬，早晨用凉水洗漱时，皲裂磨破之处揪心地疼。

松下幸之助哭着去了父亲做事的盲哑院。父亲轻揉着儿子的手说："要坚持住哇，吃得苦中苦，方为人上人。"他狠心地把儿子送了回去。

松下幸之助最难过的一关，大概是忍受不了孤独。10岁，本是在父母膝下享受疼爱的年龄，可他却要独立谋生。每晚店铺打烊就寝后，松下幸之助便想起母亲，哭个不停，然后在抽泣中坠入梦境。有时会在梦中惊醒，又是不停地哭泣。这种好哭的毛病，在他第一次领到薪水时才稍稍改观。他意识到自己能赚钱了，应该学学大人的样子。

相比10岁就外出闯荡的松下幸之助而言，现在的年轻人无疑是幸运的。

你的家庭贫困吗？比松下幸之助总好一点儿吧？

你的学历很低吗？比松下幸之助总好一点儿吧？

你没有靠山是吗？比松下幸之助总好一点儿吧？

也许，你会说：时代不同了嘛！是的，现在是时代不同了，10岁的童工再也不可能出现。但是，为什么10岁的松下幸之助能够忍受的苦难，能够做的事，20岁甚至30岁的你，却要在苦难面前埋怨与退缩呢？

"舜发于畎亩之中，傅说举于版筑之间，胶鬲举于鱼盐之中，管夷吾举于士，孙叔敖举于海，百里奚举于市。故天将降大任于斯人也，必先苦其心志，劳其筋骨，饿其体肤，空乏其身，行拂乱其所为，所以动心忍性，曾益其所不能。人恒过，然后能改；困于心衡于虑而后作；征于色发于声而后喻。入则无法家拂士，出则无敌国外患者，国恒亡；然后知生于忧患而死于安乐也。"

这是《孟子·告子下》中的一段文字，它的大意是这样的：

舜是从干农活儿起家而当天子的，傅说是在筑墙的工人中被举用为相的，胶鬲是从贩卖鱼盐的商贩里被举用的，管夷吾是从看管囚犯的狱官中被举用的，孙叔敖是在海边被举用的，百里奚是在市场上被举用的。所以上天要把重任交给某个人时，一定先使他的心志困苦，使他的筋骨劳累，使他的躯体饥饿，使他的身心困乏，扰乱他，使他的所做所为都不顺利，为的是要激发他的心志，坚忍他的性情，增加他所欠缺的能力。人常常犯错误，然后才能改正；人因困顿不畅，思虑拥塞不通，然后才能奋发振作；一个人的想法，只有从脸色上显露出来，在叹息中表现出来，然后才能为人所了解。国内没有守法的世臣和辅弼贤士，国外没有敌对的势力和外来的忧患，这个国家肯定会灭亡。我们知道：在忧患的环境中才能生存，在安乐的环境中便会灭亡。

其实，这篇文章我们很多人在中学时代就读过，而中学时代的教科书之所以收录这样一篇文章，是因为这篇文章的价值。当时是中学生的你还未走向社会，也许根本无从体会孟子的苦口婆心。不过，中学时代不懂得这篇文章的价值没有关系，现在你已踏入社会，再回头来读它，一点儿也不迟。这篇文章有几个很好的观念，值得你记在心里，时时反思：

——将相本无种，男儿当自强。英雄不怕出身低贱，很多贤能人士或有所作为的人都出自贫寒低微的底层社会。而且，并不只是古代如此，现代社会也是如此，成功不一定要有显赫的家世！尤其现代社会更是条条大路通罗马，只要努力，就有可能出头！

——生活中所有的困苦都是为了磨炼心志和能力。当然，这并不一定是"上天"的意思，但我们可以相信：凡是在困苦的环境中没被击倒，并且更加奋发的，都能有百折不挠的韧性和坚持到底的毅力；而恶劣环境一再地磨炼，也能提升、强化人的能力和见识，这正是肩负大责任的必要条件。所以，走过困苦的人，必能承担大任，而这就是成功的本钱！

——安乐的环境会促人"死亡"。这里的"死亡"也可解释为"退步""堕落""被淘汰"，也就是"心死"。当然，日子过得舒服并不全是坏事，但如果缺乏危机意识，便很容易赶不上时代的脚步，经不起环境的变动。很多公司破产、家道中落，恰恰都是如此！

◆ 工资再低也要储蓄

在宫田火盆店，松下幸之助的薪水是每半个月一发，每次只发5分钱。松下幸之助过惯了苦日子，像宝贝一样小心翼翼地把钱储存起来，舍不得轻易花掉。在宫田火盆店工作的3个月里，他存了29分钱。他之所以花了1分钱，在当时实属无奈。

当时松下幸之助的工作，除了擦火盆，还要为老板带孩子。那一年，大阪街头流行一种时髦游戏铁陀螺，可以甩在盆子里打转转。一天，松下背着孩子跟街坊的小孩玩陀螺，在把陀螺甩进盆里之时，因用力过猛，竟把背上的小孩甩翻下去。松下幸之助急忙抓住小孩的脚，因个子矮力小，没抓牢，小孩的头碰到地上，立即肿起个红包。

小孩号啕大哭，松下幸之助手一松，小孩又翻了个筋斗。街坊的小孩儿都吓得大叫，松下幸之助更是吓得脸煞白。他赶紧把孩子抱起来，摸他头顶的红包，谁知小孩哭得更凶。松下幸之助蒙了，不知怎么办才好。心想：这样回去，一定会给老板和老板娘骂死，可又没办法哄住小孩不哭。

好在附近有一家高级饼屋，松下幸之助慌忙跑去，花了1分钱买了一个大面包，塞到小孩的手里。小孩马上不哭了，大口地吃着夹着肉馅的面包。没多久，还被松下幸之助逗得咯咯直笑。

现在难以考证日本明治时代的1分钱相当于现在的人民币多少钱，但我们不妨以面包为参照物：松下幸之助在火盆店的月薪为10分钱，可以买10个大面包，现在京沪两地的面包一般为每个3元左右，即松下幸之助当时的月薪为现在的人民币90元左右。

如此低的工资，松下幸之助竟然几乎全部存了下来。相比较而言，我们大多数年轻人拿着一两千元的工资，却老是嚷着工资低存不了钱。一个月就那么一点点钱，等工资高些再说吧——许多年轻人都有这样的想法。

其实，你若在1000元／月存不住钱，到2000元／月也难以存住钱，就算5000元／月或更高：你也照样会花得精光。因为不同层次的收入会催生不同层次的花费需求，没有节约储蓄意识的人，即使年薪10万元、20万元也不会储存多少。

在这里，有必要和年轻人谈谈为什么要储蓄和如何储蓄这两个问题。

1.为什么要储蓄？

首先，会储蓄的人给人一种信任感。

为了说明储蓄的重要性，我们在这里以最没有储蓄习惯的美国人为例，说明在创业时，储蓄对筹措资金的重要性。

美国人詹姆斯·希尔以前是个贫穷的年轻人，负责着月薪只有30美元的电报员工作。他产生了一个成立"北方大铁路系统"的念头，但以他当时的经济能力而言，这是极为不可能的事。还好，他早已养成了储蓄的习惯，而这种储蓄习惯对美国人来说，是很少见的，不论是过去还是现在的美国人。虽然他每个月只有微薄的30美元的薪水，但他还是有600美元的储蓄。他动身前往芝加哥，说服当地的资本家资助他的计划。他自己能以微薄的薪水存钱，这个事实被这些投资公司认为他是一个可以把钱托付给他的人。结果，詹姆斯·希尔成功地拿到了投资公司的巨额支票，建立了他的运输帝国。

其次，储蓄金钱的同时也在储蓄机遇。

福特汽车公司成立之初，亨利·福特急需资金来推动汽车的生产和销售。于是，他向一些拥有几千美元存款的朋友求援，其中一位就是柯仁斯参议员。这些朋友帮助他凑出了几千美元，后来也因此获得了几百万美元的红利。

伍尔沃斯最初推动他的"五分之一廉价商店"计划时，手中根本没有资金，于是便向一位朋友求助。这位朋友平时很节俭，牺牲了许多享受，正好有几千美元的存款，于是将其投资在他身上，后来竟分得了几十万美元的红利。

范体森想要生产一种供男人使用的半柔软的衣领。他的想法很好，却没有钱来进行他的计划。他向那些手中只有几百美元的朋友求助，由他们协助创业，结果这种衣领使这些朋友个个成了百万富翁。

开创"艾普洛托雪茄公司"的那批人最初也没多少资金，他们有的只是制作雪茄赚到的并且存下来的很少钱。他们想到一个好主意，而且知道怎样制造好雪茄，但如果他们未曾存下一点儿钱的话，这个好主意最后终将胎死腹中。他们利用这一小笔积蓄，推出了他们所制作的雪茄。几年以后，他们把整个雪茄事业卖给了美国烟草公司，共卖得800万美元。

几乎在每一项大事业的开创初期，我们都可以发现，这些开创者早已养成了很好的储蓄习惯。许多年轻人通常都不能正确评估储蓄的巨大价值。这是一个机遇问题，机遇通常只垂青于那些有准备的人。人们没有抓住机遇的借口常常是没有钱。如果你存了一些钱的话，总会有很多机遇的。

最后，储蓄也算一道防洪堤。人生的道路上有多少不可预料的灾难在等待着我们，意外的伤害、突来的疾病、工作单位的破产……一旦这些意外降临到我们身上，没有一定的储蓄，我们又拿什么去保证自己安然度过？

我们的祖辈、父辈大都有良好的储蓄习惯，他们秉承着"积谷防饥"的中华民族传统。即便微薄的养老金他们往往也会买成国债。今天，我们的生活水平大大改观，但是我们要居安思危，而松下幸之助给我们的启示，恰恰就是这些。

综上所述，我们从进入社会独立生活开始起，就应该养成储蓄的良好习惯。

2.如何进行储蓄？

听过"寒号鸟"的故事吗？寒号鸟在"明天就做窝"的许诺中，冻死在冬天的严寒中。

年轻人储蓄不能学寒号鸟，应当说做就做，说到做到。

为什么一定要等到拿高薪时才进行储蓄？有这样一个年轻人，他多年来一直拿着微薄的薪水，没有存过一分钱。他也想过积攒一些钱，但他的工资总是一到月底就用光了。有一天，一个人问他去年的钱到哪里去了，他想啊想，原来直到这时，他从来没有记下过自己的开销。他坐下来仔细计算必要的支出，最后发现这部分开支应该不到他薪水的1/4。他把所赚到的3/4的钱全都用在了玩乐上。从此以后，他痛下决心要把一半的薪水存起来，于是马上到一家储蓄银行开了户，把所有的钱都存起来。他没有犯那种许多人都会犯的常识性错误，就是等到有了一大笔钱以后再储蓄。在很短的时间里，这个年轻人惊讶地发现，只要有了强烈的动机，储蓄其实是很容易的事情。但是，他也很奇怪，为什么当他有了一些储蓄之后，看到账上的钱越来越多时，自己会感到很高兴。第一年结束时，他在银行有了一笔近万元的存款，而他也发现自己并没有失去任何欢乐，反而获得了真正有利于身心的愉悦。他改掉了许多曾经使他痛恨自己、纵容自己的坏习惯，同时他更加自重，养成了阅读和自学的好习惯。每个认识他的人都注意到了他发生了巨大的变化。不久以后，他成为一个很有前景的企业的合伙人。

不少人都有花钱花到两手空空的潜在欲望，有些年轻人，是很难控制这种欲望的，更别说储蓄了。尤其是在大城市，很容易把钱花在买烟、买酒、看戏及其他各种无益的嗜好上。这使得年轻人无法养成储蓄的习惯，但是最初的几千元钱往往是很重要的，它可以奠定一个人未来成功和幸福的基础。

如果你真的想使自己的梦想变成现实，就必须克制自己，每月从薪水中扣除一部分，把它存起来。

有时存少量的钱就可以产生巨大的、持久的激励效应。我们力求上进的愿望和建立自己家园的梦想本身就是一种神奇的动力，它可以极大地增强我们的勇气，锻炼我们的能力，提高我们的效率。

有些年轻人对零钱粗心大意，认为那不过是几分钱、几毛钱，又不能使自己发财，但是这却能使他养成一种坏习惯，甚至可能毁掉他的一生。

大多数的人不看重存小钱的价值，年轻人尤其是如此。他们觉得如果有了一大笔钱以后，再去存起来或进行这样那样的投资，至于小小的一点儿钱根本就做不成什么事。结果他们总是把为数不多的钱放在身上，成了浪费的诱因。你想，要花掉这些零钱还不是小菜一碟？

最近，有一个年轻人给我留下了很深的印象。他说多年以来他都是随便地把钱放在口袋里，结果发现那些钱溜得极快，因为他买了很多没必要买的东西。后来，他就试着把钱放在一个小袋子里，最后发现储蓄容易多了。他说，这是因为他从小袋里往外掏钱时总要考虑一下，即三思而后行，因此发现自己现在有很多东西都不必要买，而照他以前的做法，肯定就买了。良好的储蓄习惯往往有助于塑造一个人的品格。如果我们愿意做出一点儿牺牲，愿意克制自我，或者愿意为了长远的幸福而放弃暂时的享乐的话，那么我们对此就更有信心：我们永远不会愚蠢得把宝贵的积蓄花在不必要的东西上。

最后，我把犹太人的储蓄观介绍给读者，希望能引起读者的共鸣。

犹太人经商，采取彻底的现金主义，他们认为只有现金才能保障他们的生命及生活，以对抗天灾人祸。

犹太富商富凯尔，资产上亿美元，然而却很少把钱存进银行，而是大多将现金放在自己的保险库中。有一次，一位在银行存款有上千万的日本商人向他请教这一令他疑惑不解的问题。

"富凯尔先生，对我来说，如果没有储蓄，生活等于失去了保障，变得毫无意义。你有那么多钱，却不存进银行，为什么呢？"

"认为储蓄是生活上的安全保障，储蓄的钱越多，则在心理上的安全保障程度越高，如此积累下去，永远没有满足的一天。这样，岂不是把有用的钱全部束之高阁。使自己赚大钱的才能无从发挥了吗？你再想想，哪有省吃俭用一辈子，光靠利息而成为世界上知名富翁的？"富凯尔不慌不忙地答道。

日本商人虽然无法反驳，但心里总觉得有点不服气，便反问道："你的意思是反对储蓄了？"

"当然不是彻头彻尾地反对。"富凯尔解释道，"我反对的是，把储蓄变成嗜好，而忘记了等钱储蓄到相当额度时可以提出来动动脑筋活用这些钱，使它能赚到远比银行利息多得多的钱。我还反对银行里的钱越存越多时，在心理上觉得相当有保障，便靠利息来补贴生活费。这就养成了依赖性而失去了商人必有的冒险精神。"

富凯尔对储蓄的态度，值得我们学习与借鉴。毕竟，我们不能为储蓄而储蓄。

◆ 让敬业成为一种习惯

宫田的火盆店在松下幸之助工作3个月后另迁他处。在迁址时，宫田并未带上松下幸之助，但他把松下幸之助介绍给了一家新开的脚踏车（自行车）店做学徒。

这家脚踏车店的老板叫五代音吉，是宫田的朋友，所以松下幸之助没费多少周折就进了五代音吉的脚踏车店。

当时的脚踏车在日本是奢侈的交通工具，比现在的豪华汽车在我国的尊贵地位有过之而无不及。一些有钱人骑车到酒店用餐，有时还要带一个专门看管脚踏车的仆人，生怕路人摸坏车上的漆皮。

松下幸之助进店的第一天，就荣幸地学骑脚踏车。五代老板是个开通而又精明的生意人，他主张学徒首先要学会骑车。店员骑车出门办事，本身就是招人耳目的活广告。再说店员不会骑车，也难以推销产品和做好售后服务。

那时还没有儿童脚踏车，矮个子的松下幸之助比脚踏车把高不了多少。他不可能像大人一样坐着骑，只能采用"狗蹲式"，把另一只脚斜插进横杠踩脚踏板。这种姿势非常别扭，也非常难看，但松下幸之助兴致盎然，并觉神气十足。他摔得鼻青脸肿，却丝毫不计较、不气馁，经过一个星期的勤学苦练，居然能够歪歪扭扭地骑车上路了。

学会了骑车，就得待在店里工作。不过，骑车的机会还是有的，或出门跑腿，或试验一下刚装配好的车。松下幸之助对骑车，就像抽上鸦片的人一样有瘾。

松下幸之助最初的工作是打扫卫生，整理店里的商品，擦净新车的灰尘。尽管这是一些无趣的工作，但为了能学到更多的手艺，他总是又快又好地干这些工作。五代老板见他手脚麻利，便让他有空就跟师傅们学习修理脚踏车。

那时候，脚踏车的零件没有标准化，不配套，修车时常常缺这缺那，得工人另外制作，这都是精密的机械活儿（那时把机械看得很神秘）。车间里有数台机器，没有电，也使用不起昂贵的蒸汽动力，得用手工开动。松下幸之助对这一切肃然起敬，抱着莫大的兴趣。

但他年小体弱，干20多分钟就会筋疲力尽。这时，师傅便拿起一个小榔头敲他的头，叫"不打不成器"。

松下幸之助不记恨，打是日本训徒的惯用方式。他对"制造"的毕生兴趣，就是在这间手工机械作坊中萌发的。

松下幸之助在五代音吉的脚踏车店的工作经历，至少有两点是值得我们年轻人学习的：一是他的敬业精神，即使打扫卫生之类的乏味工作，他也尽职尽责地做得非常好；二是他的学习精神，他利用且创造一切学习的机会。

关于松下幸之助的敬业精神。

1.把枯燥的工作做好

不少年轻人认为，所谓工作，就是一个人为了赚取薪水而不得不做的事情。另一部分人对工作则抱着大不相同的见解，他们认为：工作是伸展自己才能的载体，是锻炼自己的武器，是实现自我价值的工具。

现为北京某IT业著名企业的部门经理田先生曾表示，之所以有的员工认为工作是为了赚取薪水而不得不做的事情，是由于他们都缺乏坚实的工作观。同时，他以一种非常遗憾的口吻回忆了他自己年轻时候的教训。

田先生从大学毕业进入该公司时，便被派往财务科，做一些单调的统计工作。由于这份工作连高中毕业生都能胜任，田先生觉得自己一个大学毕业生来做这个，实在是大材小用，于是无法在工作上全力投入，加上田先生大学时代的成绩非常优异，因此，他更加轻视这份工作。因为他的疏忽，工作时常发生错误，遭到了领导的批评。

田先生认为，自己假如当时不轻看这份工作，好好地学习自己并不专长的财务工作，便能从财务方面了解整个公司。原来，公司领导也有意让他通过熟悉财务工作来全面培养他。然而，他由于轻视这份工作而致使晋升的良机从手中流失，直到后来，财务仍是他薄弱的环节。

由于田先生对财务工作没有全力以赴，以至于被认为不适合做财务工作而被调至营业部门。其实，熟悉财务，熟悉销售，是公司领导有意让大学生学会认识市场，然后再搞研发。但身为推销员，又必须周旋于激烈的销售竞争中，于是田先生又陷入窘境，这对他而言，又是一种不满。他并不是想做一个推销员才进入这家公司的，他认为如果让他做研发方面的工作，一定能够充分发挥他的才能，但公司却让他做一个推销员而任顾客驱使，实在令人抬不起头。所以，他又非常轻视推销工作，尽可能设法偷懒。因此，他只能达到一个营业部职员最低的业绩标准。

现在回想起来，如果当时能够不轻视推销工作而全力以赴，他就能够磨炼自己在人际关系上的应对能力，并能培养准确掌握对手竞争的方法而加以适当的应对等经商辨别力。然而，田先生当时却一味敷衍了事，以致后来仍对自己人际关系的应对能力没有自信。这也是田先生非常弱的一面。

田先生因此而丧失了推销员的资格，并被调至市场调研处。与过去的工作比较起来，似乎这个工作更适合田先生，田先生感觉终于有了一份有意义的工作，从而热爱并投身于此，也由此才逐渐提升了其工作绩效。

但是，由于过去5年左右的时间，马虎的工作态度，他的考核成绩非常不理想，当同期的伙伴都早已晋升为经理时，只有他陷于被遗漏的窘境。

这对于田先生是一个非常大的教训。过去公司所有指派的工作，对于田先生而言，都各具意义。然而，由于他只看到工作的缺点，以致无法了解这些工作乃是磨炼自己弱点的最佳机会，也就无法从工作中学习到经验而遗憾至今。

大多数的人未必一开始就能获得非常有意义或非常适合自己的工作。倒是有相当一部分人，刚开始被派做一些非常单调呆板和自认为毫无意义的工作，于是认为自己的工作枯燥无味或说公司一点儿都不能发现自己的才能，因而马虎行事，以致无法从该工作中学到任何东西。

对待任何工作，正确的工作态度应是：耐心去做这些单调的工作，以培养从团队角度考虑问题的心态。如果最初无法培养这种从全局考虑问题的心态，渐渐地便会觉得大家事事都在和你作对，而一次又一次的调换工作岗位，并慢慢地成为没用的人。

所以，即使单调且无趣的工作，也应该从中学习各种富有创意的方法，并使该项工作变得更为有趣且富有意义。

传达室的小刘在每天必做的发报纸工作中，想尽办法满足大家的需要，创造出扇形的报纸排列法，使大家惊喜不已。千万不可因为工作性质单调、呆板而虚应了事。

对于年轻人而言，最重要的是在年轻时代去体验各种工作，特别是去经历自己所不专长的工作，从而开拓自己的能力，丰富自己的工作经验。这是因为——在财务方面所知有限、不善处理人际关系、缺乏营业观念和技术不精等缺点，会使一个年轻人难以大展宏图。

在当今时代，如果仅专精于一个领域，将会成为一个专业愚才，这样的打工者很可能会停滞在最低层级。因此，越是向高处走，就越需要做综合性判断的整合思考能力。如果想要具备这种能力，就必须在年轻的时候乐于接受自己所不专长的工作，并设法精通，这是非常重要的。在此观念下，我们便能从日常的工作中学习到许多知识。

2.即使小事情也要做好

松下幸之助即使在打扫卫生时，也兢兢业业、一丝不苟。最终以此得到老板的欣赏，得以学习脚踏车的修理技术。

只是一个人能够做的事情，往往与理想的距离较远，而且做起来也不是那么容易就可以完成的。

事情即使再小，但"只要能够做出成绩"，就是一个了不起的人，对自己的成绩有了自信心，则能增加几倍的效力。

不管是金钱、能力、地位、事业，在短期内都不可能有太快速的成长，但是在经过了5年、10年之后，应该做的事情，已经逐渐地熟悉了，这时就可以亲身感觉到自己的能力。

不管任何事情，在进入正常的轨道之前，总会有许许多多的障碍和挫折。特别是当无法得到社会的认可和周围其他人的协助，或他人无法了解你的苦衷时，你就会觉得非常痛苦。

为了使构想和计划不致因为面临巨大的压力和周围人的反对而无法实行，所以必须努力。那就是——从行动开始，再不断地积累小小的实绩，然后逐渐地增加同伴和赞同者。

3.把敬业当成一种习惯

曾在报纸上看到一位企业家的感慨，说现在的年轻人敬业精神不如以往，工作漫不经心，犯了错也说不得，要求多了便一走了之……

所谓"敬业"就是敬重你的工作。在心理上，敬业有高低两个层次。低层次是"拿人钱财，与人消灾"，也就是敬业是为了对老板有个交代；高层次是把工作当成自己的事，直至掺进了使命感和道德感。而不管是哪个层次，"敬业"所表现出来的就是认真负责——认真做事，一丝不苟，并且有始有终。

大部分的年轻人都认为做事是为了老板而做，不过这并无大错，他出钱你出力，本该如此。但也有一些人认为能混就混，反正老板倒了又不用我赔。这种想法对你自己并没有什么好处。表面上看起来"敬业"是为了老板，其实也是为了自己。因为敬业的人能从工作中学到比别人更多的经验，而这些经验便是向上发展的踏脚石。就算你以后从事不同的行业，你的工作方法也必会为你带来助动力。因此，把敬业变成习惯的人，从事任何行业都容易成功。

有人天生有敬业精神，任何工作一接手就废寝忘食，但另外一些人的敬业精神则需要培养和锻炼。如果你自认为敬业精神不够，那么就应趁年轻的时候强迫自己学会敬业——以认真负责的态度做好任何一件事！经过一段时间后，敬业就会变成你的习惯。

不敬业的人，他的成就相当有限，因为他的散漫、马虎、不负责任的做事态度已深入他的意识与潜意识，做任何事都会有"随便做一做"的直接反应，其结果可想而知。如果让恶习继续下去，很容易就此蹉跎一生。

所以，"敬业"表面上看是为了雇主，而实际上则是为了你自己呀！

此外，敬业的人还有其他好处：

——容易受到人们的尊重。就算工作绩效不怎么辉煌，但别人也不会去挑你的毛病。

——容易受到提拔。老板或主管都喜欢敬业的人，因为这样他们可以减轻工作的压力。

现在的工作机会难得，你千万不要以为到处都有"留爷处"而对目前的工作漫不经心，也不要因为不怎么喜欢目前的工作而得过且过，你应该趁此机会，磨炼、培养自己的敬业精神——这是你将来必定可以用得上的无形资产。

◆ 要对工作充满热忱

松下幸之助是一个杂工，因此指使他做事的人很多。他要做的事非常琐碎而又繁杂：一会儿给顾客送货，一会又给老板传达口讯……总之，他忙得如一个急速旋转的陀螺。

"松下，来，帮我拧住这边的螺丝""松下，去看看红颜色的脚踏车还有多少"……松下对这些指使一概以饱满而又热忱的"好嘞"加以回答。他从不埋怨自己太忙，也不认为自己的工作无趣。

年轻人从学校走向社会，往往怀着一腔干大事的豪情壮志。但现实往往与理想有很大的差距：年轻人几乎不可能一进入社会就担当大任。于是，有的年轻人开始用消极的态度面对一切。

毫无疑问，以清脆响亮的"好嘞"应对工作的松下，是一个对工作充满热忱的人。有了工作热忱，无论是在挖土，或是在经营大公司，都会认为自己的工作是一项神圣的天职，并怀着深切的兴趣和高度的责任感。对自己的工作满腔热忱的人，不论工作有多么困难，始终会用不急不躁的态度去进行。只要抱着这种态度，任何人都一定会成功，一定会达到目标。爱默生说过："有史以来，没有任何一项伟大的事业不是因为热忱而成功的。"事实上，这不是一段单纯而美丽的话语，而是迈向成功之路的路标。

在休斯·查姆斯担任"国家收银机公司"销售部经理期间，该公司的财政发生了困难。这件事被在外头负责推销的销售人员知道了，他们因此失去了工作热忱。销售量开始下跌，到后来，情况更为严重，销售部不得不召集全体销售人员开一次大会，在全美各地的销售人员皆被召去参加查姆斯先生主持的这次会议。

首先，他请手下最佳的几位销售人员站起来，要他们说明销售量为何会下跌。这些销售人员在被唤到名字后，一一站起来，每个人都有一段令人震惊的悲惨故事要向大家倾诉：商业不景气，资金缺少，人们都希望等到总统大选揭晓之后再买东西，等等。当第五个销售员开始列举使他无法达到平常销售配额的种种困难时，查姆斯先生突然跳到一张桌子上，高举双手，要求大家肃静。然后，他说："停止，我命令大会暂停10分钟，让我把我的皮鞋擦亮。"

然后，他命令坐在附近的一名黑人小工友把他的擦鞋工具箱拿来，并要这名工友替他把皮鞋擦亮，而他就站在桌子上一动不动。

在场的销售人员都惊呆了。有些人以为查姆斯先生突然发疯了，他们开始窃窃私语。与此同时，那位黑人小工友先擦亮了他的一只皮鞋，然后又去擦另一只皮鞋，他不慌不忙地擦着，表现出一流的擦鞋技巧。皮鞋擦完之后，查姆斯先生给了那位小工友一毛钱，然后开始发表他的演说。

"我希望你们每个人，好好看看这位黑人小工友。他拥有在我们整个工厂及办公室内擦皮鞋的特权。他的前任是位白人小男孩，年纪比他大得多，尽管公司每周补贴他5元的薪水，而且工厂里有数千名员工，但白人小男孩仍然无法从这个公司赚取足以维持生活的费用。而这位黑人小工友不仅可以赚到相当不错的收入，既不需要公司补贴薪水，每周还可存下一点儿钱来，而他和他前任的工作环境完全相同，也在同一家工厂内，工作的对象也完全相同。我现在问你们一个问题，那个白人小男孩拉不到更多的生意，是谁的错？是他的错，还是他的顾客的错？"那些销售人员不约而同大声地回答说："当然了，是那个小男孩的错。"

"正是如此。"查姆斯回答说，"现在我要告诉你们，你们现在销售的收银机和一年前的情况完全相同：同样的地区、同样的对象以及同样的商业条件。但是，你们的销售业绩却比不上一年前，这是谁的错？是你们的错？还是顾客的错？"

同样又传来如雷般的回答："当然，是我们的错。"

"我很高兴，你们能坦率承认你们的错。"查姆斯继续说，"我现在要告诉你们，你们的错误在于，你们听到了有关本公司财务发生困难的谣言，这影响了你们的工作热忱，因此，你们就不像以前那般努力了。只要你们回到自己的销售地区，并保证在以后30天内，每人卖出5台收银机，那么，公司就不会再发生什么财务危机了，以后再卖出去的，都是净赚的。你们愿意这样做吗？"大家都说愿意，后来果然办到了。

这个事件记录在"国家收银机公司"的公司史上，名称就叫"休斯·查姆斯的百万美元擦鞋"，因为这件事扭转了该公司的逆境，价值100万美元。

热忱是永不失败的，懂得如何使派出的销售人员充满工作热忱的销售经理，必然会有所收获，他自己的热忱不仅为自己带来了好处，也可能造福另外的几百个人。美国"十美分连锁商店"的创办人查尔斯·华尔伍兹也说过："只有对工作毫无热忱的人才会到处碰壁。对任何事都热忱的人，做任何事都会成功。"

当然，这是不能一概而论的，譬如一个对音乐毫无才气的人，不论如何热忱和努力，都不可能变成一位音乐界的名家。但凡具有必需的才气，有着可能实现的目标，并且具有极大热忱的人，做任何事都会有所收获，不论物质上还是精神上都一样。

即使需要高度技术的专业工作，也需要这种热忱。爱德华·亚皮尔顿，是一位伟大的物理学家，曾与他人共同发明了雷达和无线电报，并获得了诺贝尔奖。《时代杂志》引用过他一句具有启发性的话："我认为，一个人想在科学研究上有所成就，热忱的态度远比专门知识来得重要。"

假若你能保有一颗热忱之心，那是会给你带来奇迹的。美国著名成功学家拿破仑·希尔曾向他的朋友讲过这样一个故事。

一个浓雾之夜，当我和母亲从新泽西乘船到纽约的时候，母亲欢叫道：这是多么令人惊心动魄的情景啊！

"有什么出奇的事情呢？"我问道。

母亲依旧充满热情："你看呀，那浓雾，那四周若隐若现的光，还有消失在雾中的船带走了令人迷惑的灯光，多么令人不可思议。"

或许是被母亲的热情所感动，我也着实感受到厚厚的白色雾中那种隐藏着的神秘、虚无及点点的迷惑。拿破仑·希尔那颗迟钝的心得到一些新鲜血液的渗透，不再没有感觉了。

母亲注视着我说："我从没有放弃过给你忠告。无论以前的忠告你接受不接受，但这一刻的忠告你一定得听，而且要永远牢记。那就是：世界从来都有美丽和兴奋存在，她本身就是如此动人、如此令人神往，所以，你自己必须对她敏感，永远不要让自己感觉迟钝、嗅觉不灵，永远不要让自己失去那份应有的热情。"

我一直没有忘记母亲的话，而且也试着去做，就是为了让自己保持一颗热忱的心及那份热情。

在人的一生中，做得最多和最好的那些人，也就是那些成功人士，他们必定都具有这种能力和特点。即使两个人具有完全相同的才能，必定是更具热情的人才会取得更大的成就。

热忱一方面是一种自发力量，同时又是帮助你集中全身力量去投身某一事情的一种能源。

◆ 梦想越大，成就越高

在五代音吉的店里，常常有各种各样的客人，有的喜欢长时间地坐在店里聊天。特别是那些推车来修理的客人，更是一聊就是老半天。这些聊天的客人中，大部分都是一些"烟鬼"，聊的时间一长，难免会出现"弹药"不足的情况。于是，代客购烟这一差事又落到了松下的头上。这时的松下，必须仔细地洗干净油腻肮脏的双手，再跑到100米以外的店里去买烟。

路跑多了，松下就想：洗一次手买一包烟，真费事，还不如一买就买来一批，这样不是非常省事吗。于是，松下用自己的工资去买来整条的烟，当时是20包一条，买一整条，店主就赠一包。这真是一举两得的美事，既省事，又能赚钱。

松下乐此不疲，"小烟贩"的名气便传开了。有几位客人对老板说："你们店里的那个小徒弟好聪明，将来一定会成大人物的！"

松下听后很高兴，真就以为自己有了做生意的本事。他暗暗对自己说：我总有一天会做大生意，成为一个大人物的。

我的梦想是当一名飞上月球的宇航员！我的梦想是做一个获得诺贝尔文学奖的作家……诸如此类的宏伟梦想，相信每一个年轻人在少年时期都有过。然而，走向社会后，一切都现实起来，世事如苍狗，把你的梦想啃得面目全非。于是，有人悲观地说：一个人的成长，其实就是不停地向命运妥协的过程。

松下幸之助在做杂工时，就确立了做一个大生意人的梦想。他的这个梦想贯穿了他的一生。不管经历了多少困难，他都咬定青山不放松。现在，请你仔细地想一想：你的梦想是否在不停地向命运妥协甚至投降呢？

从前，有两兄弟，老大想到北极去，而老二只想走到北爱尔兰。有一天，他俩从牛津城出发，结果他俩都没有到达目的地，但老大到达了北爱尔兰，而老二仅仅走到了英格兰北端。这个故事包含的深意是：一个梦想大的人，即使实际做起来没有达到最终目标，可他实际达到的目标都可能比梦想小的人最终目标还大。所以，梦想不妨大一点儿。

一个具有崇高生活目的和思想目标的人，毫无疑问会比一个根本没有目标的人更有作为。苏格兰谚语说："扯住穿金长袍的人，或许可以得到一只金袖子。"那些志存高远的人，所取得的成就必定要远远高于起点。即使你的目标没有完全实现，你为之付出的努力本身也会让你受益终生。

梦想不是务虚的借口，梦想是衡量个性境界的最佳标尺。先退一万步说，就算一个人只停留在梦想表层，根本不去努力实现它，也比没有梦想强百倍。

人生真的是梦想做出来的。越是卓越的人生越是梦想的产物。可以说，梦想越高，人生就越丰富，得到的成就越卓绝；梦想越低，人生的可塑性越差。这就是常说的：期望值越高，实现期望的动力就越大。

把你的梦想提升起来，它不应该退缩在一个不恰当的位置，接受梦想的牵引吧。

可能，你还会不无顾虑地说："梦想和现实的差异如此巨大，我确实不能靠梦想过日子。"是的，因为谁也没说梦想能填饱肚子。但是，你应承认这句话包含着更深的意思，即承认自己是有梦想的，只是觉得追逐梦想的条件不够。如果一个人无论做什么事，总是要等条件齐备了才开始去做，最终必然一事无成。换句话说，什么事，只要还没有开始做，所需条件都是猜测的。如果能够立刻利用现有的条件着手去做，你会发现有些条件并不像想象的那么重要。梦想正是在行动中和现实缩短距离的。

梦想一旦提升起来，个性就会随之拔高，自我意识就会变得强烈。确定了目标，缩短与目标之间的距离就有迹可循，就可以一步步地趋近梦想了。

梦想越大，成就越高。

美国潜能成功学大师安东尼·罗宾说："如果你是个业务员，赚1万美元容易，还是赚10万美元更容易呢？告诉你，是10万美元！为什么呢？如果你的目标是赚1万美元，那么你的打算不过是能糊口便成了。如果这就是你的目标或是工作的原因，请问，你工作时会兴奋有劲吗？你会热情洋溢吗？"

几年前炎热的一天，一群人正在铁路的路基上工作，这时，一列缓缓开来的火车打断了他们的工作。火车停了下来，最后一节车厢的窗户（顺便说一句，这节车厢是特制的并且带有空调）被人打开了，一个低沉的、友好的声音响了起来："大卫，是你吗？"大卫·安德森——这群人的负责人回答说："是我，吉姆，见到你真高兴。"于是，大卫·安德和吉姆·墨菲——铁路的总裁，进行了交谈。在长达一个多小时的愉快交谈之后，两人热情地握手道别。

大卫·安德森的下属立刻包围了他，他们对于他是墨菲铁路总裁的朋友这一点感到非常震惊。大卫解释说，20多年以前他和吉姆·墨菲是在同一天开始为这条铁路工作的。

其中一个人半认真半开玩笑地问大卫，为什么你现在仍在骄阳下工作，而吉姆·墨菲却成了总裁。大卫非常惆怅地说："23年前我为一小时1.75美元的薪水而工作，而吉姆·墨菲却是为这条铁路而工作。"

现实中，我们应如何设定目标呢：

1.在设定目标时，要尽量伸展自己

你或许会感到不解，到底迈克尔·乔丹拼命不懈的动力来源于何处？那是发生于他念高中一年级时一次在篮球场上的挫败，激起他决心不断地向更高的目标挑战。就在这个目标的推动下，飞人乔丹一步步成为全州、全美国大学，乃至NBA职业篮球历史上最伟大的球员之一，他的事迹一一改写了篮球比赛的纪录。

当你问迈克尔·乔丹，是什么因素造成他不同于其他职业篮球运动员的表现，而且能多次赢得个人或球队的胜利，是天分吗？是球技吗？

抑或是策略？他会告诉你说："NBA里有不少有天分的球员，我也算是其中之一，可是造成我跟其他球员截然不同的原因是，你绝不可能在NBA里再找到像我这么拼命的人。我只要第一，不要第二。"

轮船航向虽然只偏了一点点，刚开始时很难引起注意，可是在几个小时或几天之后，便可能发现船已抵达完全不同的目的地。

有限的目标会造成有限的人生，所以在设定目标时，要尽量拓展自己的眼界。在这里，你将会学到如何制定自己的目标、实现自己的美梦和愿望，学到如何能够保持志向并促其实现。

不知你是否玩过拼图游戏，若你在人生中没有清楚的目标，就好像不知道整个画面的全貌，而是胡乱拼凑生命。当你知道了自己的目标，便能在脑海里描绘出一幅图画，让大脑得以按图索骥，找到最需要的资料。

有些人似乎经常迷失方向。一会儿向东，一会儿向西；一下子试试这，一下子又试试那，似乎永远没有定向。他们的问题其实很简单，就是他们不知道自己所追求的究竟是什么。如果你也不知道所追求的是什么，那就永远不会有击中目标的一天。你得先有个梦想，尤其是必须全心全意地去做。如果你只是随手翻翻，不会对你有什么帮助。希望你能够坐下来，手里有一支笔和一张纸，写下自己未来的目标和计划。

找一个让你觉得最舒服的地方，不管是你喜爱的书桌，还是角落里那些能照得到阳光的桌子，只要能让你心静的地方，花一点儿时间好好计划一下你未来的希望。想想自己将要做些什么、看些什么、说些什么、成为什么，相信这会是你一生中最宝贵的时光。你要去学习如何设定目标和预测结果，你要为自己画出一张人生旅程的地图，勾勒出自己的去向和前行的路径。

在一开始，不要给自己设限。当然，这并不是要你完全抛弃常理。如果你身高只有1.5米，就别指望明年参加全国职业篮球大赛的投篮比赛会赢，因为不管你怎么试也是不可能的，除非你踩着高跷。或许不给自己设限，会把你的注意力从你最在行的事情上移开，不过从另一方面看，这又何尝不是帮助你移开可能的限制呢？

查斯特·菲尔德指出："有限的目标会造成有限的人生，所以在设定目标时，要尽量去伸展自己的抱负。唯有你自己去制定目标，才是唯一能实现期望的方法。"

2.目标应该是专一的

一个人确定的目标要专一，而不能经常变幻不定。

确立目标之前需要做深入细致的思考，要权衡各种利弊，考虑各种内外因素，在众多可供选择的目标中选定一个。

一个人在某一个时期或一生中一般只能确立一个主要目标，目标过多会使人无所适从，应接不暇，忙于应付。

有些人做的事情很多，结果没有一样做得精。有一位房地产商，居然记不清自己手头到底有多少宗交易。他先是做一座建筑物的生意，接着增加到两座，后来生意更大了，终于扩展到别的业务。他回忆说："刺激得很，我是在试验自己的极限。"

有一天，银行来了通知，说他扩张过度风险太大，并停止给他贷款。这位奇才于是失败了。

起初他怨天尤人，埋怨银行，埋怨经济环境，埋怨员工。最后他说："我明白我是没有量力而行，欲速反而不达。"

重定目标，重拾他最拿手的生意——地产。他熬了好几年，终于又慢慢地振作起来。如今，他又是一位成功的商人，做事当然也更有分寸了。

生活中有一些人之所以没有什么成就，原因之一就是经常确立目标，经常变换目标，所谓"常立志"者就是这样一种人。

3.目标应该是特定的

确定目标不能太广泛，而应该确定在一个具体的点上。如同用放大镜聚集阳光使一张纸燃烧一般，要把焦距对准，纸片才能点燃。如果不停地移动放大镜，或者对不准焦距，都不可能使纸片燃烧。

这也同建造一座大楼一样，图纸设计不能只是个大概样子，或者含混不清，而必须在面积、结构、款式等方面都是特定和具体的。目标应该是用具体的细节反映出来的，否则就会显得过于笼统而无法付诸实施。

4.目标应该是长期的

一个人要取得巨大的成功，就要确立长期的目标，要有长期作战的思想和心理准备。任何事物的发展都不是一帆风顺的，世界上没有一蹴而就的事情。

有了长期的目标，就不怕暂时的挫折，也不会因为前进中有困难就畏缩不前。许多事情，不是一朝一夕就能做到的，需要持之以恒的精神，必须付出时间和精力，甚至一生的努力。

5.目标应该是远大的

目标有大小之分，这里讲的主要是有重大价值的目标。只有远大的目标，才会有崇高的意义，才能激起一个人心中的渴望。

一个人确定的目标越远大，他取得的成就就越大。

远大的目标总是与远大的理想紧密结合在一起的，那些改变了历史面貌的伟人们，无一不是确立了远大的目标。这样的目标激励着他们时刻都在为理想而奋斗，结果他们成了名垂千古的伟人。

年轻人当有远大志向，才可能走向成功。但要成为杰出人物，光是心高气盛还远远不够，必须从最初级的事情学习做起。在你还是默默无闻不被人重视的时候，不妨试着暂时降低一下自己的物质目标、经济利益或事业野心，像松下幸之助一样做好普通事，这样你的视野将更广阔，或许会发现许多意想不到的机会。

◆ 做好职业评估再转行

1910年，16岁的松下幸之助终于鼓起勇气离开了令人羡慕的五代脚踏车店，尽管当时他的工资已是6年前的7倍，但他还是决定改行。

造成松下幸之助下定改行决心的是：他预感到以电车兴起为代表的电气机器行业将高速发展，而脚踏车行业将逐渐消失。松下幸之助对电气行业的预测是正确的。事实证明，日本当今的一百大企业中，有12家是电气机器行业。

松下幸之助按照自己的预测，进入了电灯公司幸町营业所。他的这一抉择，也许使后来的脚踏车界少了一位成功的商人，但重要的是：他后来成了日本一百大企业中12家电气机器企业里的老大。

天底下没有任何一种职业可以满足所有的人或使所有的人都不喜欢的。任何一种职业都难免有人会喜欢，但也有人会感到讨厌。

不管什么工作，每个年轻人都必须赚钱过日子，以使自己自强自立。因此，检查自己目前的职业角色，评估自己从中能获得多大的满足，将有助于规划成功的人生。

我们要永远清醒地认识到，没有一种职业是十全十美的。对于职业的满足与否，应基于个人的事业原动力，以及是否能从此项职业中使自己获益。

职业对从业者的影响很大。从某个角度来看，职业也是一种时间消耗，对从业者来说也是一种限制。例如邮递员，可能十年如一日，每天早起挨家挨户地送信，而他的全部生活就是围绕着邮递工作。所以，职业也可说是一个枷锁，无形中限制了从业者的行动范围。

我们有必要十分谨慎地选择自己所从事的职业，并及早看清楚此项职业是否为我们提供满足的可能。如果做不到这一点，职业便可能会阻碍我们的发展。例如，有一位制图员说："我的日子都是坐在制图桌旁，绘制一些别人设计的图纸。随着时间的流逝，这工作便越来越显得没有意义，而且将我与别人完全隔绝。"

这个例子虽然有些极端，但却很具代表性。据统计，差不多有90%的人都会对他们工作的某些方面感到不满。这种不满，皆与工作要求和个人的事业原动力相悖有关。

只不过，如果我们能想到那些失去工作的人以及全球性的经济不景气，相信再不满意的工作似乎也会有其可取之处了。

失去工作对人是一种深刻的失落。各种社会的不幸，似乎都是因为工作机会不均所导致的。事实也显示，失去工作的男女比较容易抑郁或自杀，因此，工作对人而言是很重要的。

工作能使人与社会各部分紧密接触，不但可以充实个人的生活，满足个人的基本生活需要，而且能满足个人的成就感。

世界绝对不是静态的。由于科技的进步，当今职业的形态也在不断改变。回顾人类事业的历史，我们会发现世界的潮流趋势，这就是：

——传统的手工艺和技巧现今已大半消失；

——非常强调效率；

——由于大量使用高效率、智能化的机器，减少了基层工作的机会；

——需要设计方面和系统维护方面更高层次的技能；

——必须时时接受职业再培训；

——必须接受日益频繁的工作环境变动；

——较多工作需要一定程度的社交能力；

——对"个人"成就的依赖渐增（比较不强调扩及家庭）；

——教育水准的提高；

——职业要求个人有良好的表现，特别是团队精神。

现代人的工作角色显然受以上趋势影响，而且一份新职业的正面因素，也可能会因时间的累积渐渐变成负面因素。

这个过程共有4个阶段：

第一阶段：要求及学习。

新的就业者必须努力学习，他需要认识同事，建立关系，分析状况，积累技能与知识求得技巧。通常会被要求做较多的工作，但也充满学习的机会。

第二阶段：成长且逐渐能够胜任。

经过几个月的工作，就业者会越来越有经验，而且渐渐安定下来，找到提高效率的工作方法，也建立了关系，提高了技能；对于工作环境中正式与非正式的体系都已有所了解。这个阶段是令人满意且逐渐有所进展的。当新的技巧与能力培养成熟，就业者对工作自然也慢慢地感到胜任的愉快。

第三阶段：驾驭工作。

经过一段较长时间之后，就业者渐渐进入角色，很多问题能比较成功有效地进行处理。这个阶段，仍有可能使个人获得成长，只是挑战的标准日益降低。

第四阶段：松弛或衰退。

经过一段顺利的驾驭时期，一切都变成例行公事，就业者对挑战也已驾轻就熟。这时新的成长机会已经不多，剩余精力便转往嗜好。对不大要求上进的人而言，由于他们丧失了前进的动力，所以这也是危险的阶段。这时，不仅事业会很不顺利，连他们自身也失去了积极进取的方向。

年轻人刚走向社会时，其工作很多时候也像10岁的松下幸之助一样，没有太多的选择权利。有时是为了生活，顾不了那么多，随便找个工作一日一日地做下去。一年两年过去了，人头熟了，经验也有了，有的从此安安分分地上班，最多换换新的公司，为自己寻求较好的待遇和工作环境；有的则运用已经学到的经验，自己创业当老板；有的则转行，到别的天地试试运气。

转行的想法80%以上的人都有过，光是想当然没有什么关系，但如果真的要转行，一定要考虑如下几个因素：

——对我来说，我的老本行是不是没有发展前途了？同行的看法如何？专家的看法又如何？如果真的已经没有多大的发展，有没有其他的出路？如果有人一样做得好，是否说明了所谓的"没有多大发展"是一种错误的认识？

——我是不是真的不喜欢这个行业？还是这个行业根本无法让我的能力得到充分的发挥？换句话说，这个行业越做越没兴趣，越做越痛苦吗？

——对未来所要从事行业的性质及前景，是不是有充分的了解？我的能力在新的行业里是不是能如鱼得水？我对新行业的了解是来自客观的事实和理性的评估，还是急着要逃离本行所引起的一厢情愿式自我欺骗？

——转行之后，会有一段时间在收入上青黄不接，甚至影响生活，是不是做好了准备？

如果一切都是肯定的，那么你可以像16岁的松下幸之助一样毅然决然地转行！

第二章　创业之路总是艰辛而漫长

在瞬息万变的现代社会，存在着太多不确定的因素，欲在激烈的市场竞争中走在别人之前，经营管理者平时就应训练自己对事物的观察力和对未知因素的评估能力，当机立断，才不致被别人抢先一步，招致无可弥补的遗憾。

——松下幸之助

◆ 选择稳定还是创业

松下幸之助在电灯公司兢兢业业地工作了7年。因为能力出众，他被一再提拔，直至当上了检查员。

1917年6月15日，松下幸之助做出了一个令人震惊的决定：辞掉令人羡慕的、他还没干满两个月的检查员工作。这一决定使他告别了稳定平和的生活，从此踏上一条充满艰难险阻而又波澜壮阔的人生旅途。

那天，23岁的松下起得很早，把辞职的理由又想了一遍，"不要犹豫，男子汉要有决断的勇气"。松下不断在心里为自己鼓劲。到了上班的时候，他像往常一样来到办公室。主任打算派他去执行一项重要任务，尚未开口，松下就将早已拟好的辞呈交给主任。主任先是一惊，继而不解地说："松下君，我并不想勉强挽留你。你今年开春才提升做检查员，不是太可惜了吗？公司对你这样器重，你前途无量呀！你辞职做什么去呢？你可得慎重考虑啊！坦率地说，你可得三思而后行啊！"

主任很诚恳地说完这番话，这一瞬间，松下动摇了，觉得自己辞职可能确实太冒失了。他一时无话可说，心里又把这么多天来的想法重温了一遍。终于，松下还是用坚决的口气说："谢谢主任的关心，可我已经下了决心，还是让我辞职吧。"

这个月的30日这一天，松下离开了服务了7年的蓬勃发展中的电灯公司。公司的许多同事大惑不解。

松下的决定确实使人费解。他从16岁进入电灯公司，由于技术精湛，频频提升，才23岁的他就做上了检查员，像他这么年轻的检查员在公司还没过。公司经理对松下寄予厚望，谁会想到松下幸之助捧着金饭碗不要，去创什么自己的事业，难怪人们议论纷纷。

松下将在电灯公司做检查员的这份工作辞掉，是有原因的。也许是父亲不安分的基因遗传给他，或许是他要自己干点儿什么。他还没干满两个月，就对这份人人羡慕的工作不满意了。

检查员的工作实在是太轻松了。原本，对其他技工完成的工程进行试电并去检查，完全是例行公事。如果腿勤一点儿，不用半天就能够转完。通常，松下不是提前回到公司聊天，就是满街悠然自得地东游西逛。起初觉得有趣，稍后就索然寡味。

松下在谈到决定辞职自己独立创业的理由时说："电灯公司的检验工作太舒服了，生活没有紧张的感觉。"

他觉得，从最初的见习生涯，到升为工地负责人，再升为检查员，工作开始变得没有意义。从这儿我们可以看出松下的可贵之处，他不满足于安稳舒适的小职员生活，他是追求上进的热血青年。

松下的内弟，曾任三洋电机株式会社社长的井植薰，是这样评价松下当时的行为的："在常人看来，电灯公司的检查员是个稳定的铁饭碗，而松下却感到是寄人篱下，压制了自己的能力。这种思想，实际上已经奠定了松下创建巨大事业的基础。"

松下幸之助舍弃安稳而优渥的工作，走上了创业的路。这个想法最初遭到结婚两年的妻子井植梅之的反对。但松下幸之助一番思想工作后，妻子井植梅之也表示了无比坚决的支持。

人的一生有许多次选择，而真正决定命运的选择却不多。伟人与常人的区别，恐怕就在于能否把握住这极少的机会，做出正确的抉择。

松下幸之助如同当年离开五代音吉的脚踏车店一样，义无反顾地离开了电灯公司，他选择自主创业的行动，吹响了打造日后名震全球的松下公司的号角。

当然，松下幸之助的自主创业绝不是头脑发热的冲动。他在创业之初，至少有两个方面的考虑值得我们年轻人学习与借鉴。

1.选择自己了解的行业

三百六十行，行行出状元。自主创业时，面对的是一个广阔的新天地。张三开玩具厂赚了几百万，李四制作小五金每天数万元营业额……他们都在赚钱。然而，不要以为别人能赚钱的行业，你进入也会赚钱。

创业成功的其中一个口诀是："不熟不做。"那就是说，你开始经营的事业，一定要是你熟悉的事业，而不应该以一个外行的身份半途出家，搞一些自己一无所知的事业。

自己熟悉的生意，自己就容易掌握得多，这是初做生意的捷径。以我一个朋友李先生为例。他父亲是经营茶馆的，所以他童年时就已经耳濡目染地接触到咖啡奶茶，等到自己学做生意时，开始经营饭馆，后来又扩展为茶餐厅，以后他虽然经营过不少其他生意，但始终以茶餐厅为根基。

一位张先生，经营旧式理发店多年。他的幼子子承父业，但不是留在父亲的理发店内，而是自立门户，开设新式的发型屋。

做自己熟悉的生意，自然可以就轻驾熟，对于各方面知识和业务都已经基本熟悉了，做起来当然就得心应手。虽然是刚刚开业，但就好像是做原来的工作那样，只不过是换了一个环境，换上了老板的身份。

做自己熟悉的生意，会带来平稳和顺利，否则会给自己带来许多意想不到的难题。

有一个长期从事饮食业的朋友，由厨房学徒做起，等到在厨房内能独当一面时，想自立经营，但却不喜欢当厨师，竟然第一次做生意，就插足旅行团代理。他对这方面根本就不熟悉，毫无经验。那时候，旅游业虽然前景看好，但却有许多这类代理，他只是其中平凡的一员。于是，维持不了几个月，他又走回厨房当大厨，旅行团代理的生意也只是昙花一现。

不过，相隔几年，他又回到生意人的行列。这次却做回本行，在商场里开了一家中式快餐店，用独具地方风味的煮食方法，做出美味的快餐，颇受欢迎。

自己所不熟悉的生意，不是不可做，但在创业时，一定要做自己熟悉的，才最容易站稳脚跟；逐步取得收益后，再扩展经营范围。松下幸之助创业时，选择了电器这一行业，才有了发展壮大的可能。

2.先要取得家人的支持

对于自主创业，身边的人，如配偶、孩子、父母、朋友，他们持何种态度？是无怨无悔全力支持，还是拼命反对？

举个例子来说吧！一旦辞掉原先的工作，家中马上会失去一份固定的收入。此外，自主创业以后家务事不是做得马虎草率，就是别人休息时你却必须为事业奔波，不能陪伴小孩等，势必会给自己的家庭带来一定的影响。而家人一旦反对你创业，这将直接对你造成更多、更大的压力。

况且，理想与现实通常有段距离。并不是说心里想着要成功，就一定能够成功。除此之外，不管是进入哪种行业，自从开张就一帆风顺的例子更是少之又少。

因此，在重新选择职业时，一定先取得家人的支持，这样，当遇到创业瓶颈时，如果最亲近的家人不是雪上加霜地说："当初叫你别做，你就是不听！"而是适时地给你鼓励："再苦也是咱们自己选择的，再试试看吧！"我想任何人都会愿意再拼一次。

世界上只有亲人和好朋友能在你获得成功时，给予衷心祝福，而不光是夸张地称赞。

所以，当你决定自主创业时，首先必须和家人及朋友进行认真的沟通，取得大家的谅解和支持后，再开始行动，一来让自己没有后顾之忧，二来也不会出现"内外交困"。

松下幸之助创业时，父亲过世好几年了，母亲和姐姐早已回了歌山，只留下他和妻子井植梅之在大阪生活。试想，松下幸之助事先若不获得井植梅之的理解与支持，他创业成功的可能性会小很多。

事实上，正是井植梅之，在松下幸之助创业最困难的时候，仍是始终如一地理解与支持他。她甚至不惜一次又一次地当掉自己的衣服和首饰，以帮助他渡过经济上的难关。她的行动，不仅是物质上的支持，更是精神上的支持。在这种支持下，还有什么难关不敢克服，不能克服？

◆ 创业资本不到100日元

创业伊始，都会面临资金、人员等问题，松下自然也不例外。

松下的创业资本不到100日元，按照当时开办小型工厂的惯例，这一点点资金只是杯水车薪，买一台机器或做一套模具都不会少于100日元。这一点儿资金，就想办成一家小型工厂，并且出产品，只要稍稍做一点财务预算，就可得出结论：注定是不会成功的。松下后来这样回忆说："这样做未免太轻率了，可是当时的我却不这样想，反而精神抖擞，觉得前途充满希望与光明。"

松下在电灯公司有两个要好的同事，一个是先他辞职，跳槽到电业商会做电气工的林伊三郎，另一个是正在公司办事处工作，深得领导赏识的森田延次郎。他们听完松下打算开办电器制作所的计划之后，心花怒放，马上辞职加盟松下的创业行列。此时的松下可谓兵强马壮，踌躇满志。不久，他手下又添了一员战将——内弟井植岁男。

井植岁男是松下幸之助妻子的大弟弟，刚刚高小毕业，离开家乡来大阪谋生。他最初在大叔的船上做水手，目睹了大阪安治川码头爆炸的惨剧，许多船只和水手被炸得粉碎，惨不忍睹，吓得井植岁男不敢再上船。这时，梅之母亲来女儿女婿家做客，她对女婿不捧铁饭碗而独立创业的做法颇有微词。松下说服岳母让井植岁男到他的厂里做学徒，岳母虽然狠狠地批评了女婿一番，可最后还是答应了女婿的请求。

松下这一决定改变了井植氏三兄弟的一生。三兄弟先后加盟姐夫松下的企业，又于第二次世界大战后，先后离开松下电器，创办三洋电机公司，逐渐蜚声世界。

人手齐了，但资金问题尚未解决。松下的不到100日元的资金，怎么节省都不够用。就在他们一筹莫展之际，林伊三郎想起他的一位朋友，此君10岁学徒，生活节俭，到20多岁时已储蓄了近200元。他们急忙赶到他家，拼命地游说，终于借到宝贵的100日元。有了这100日元，加上原有的资金，资金的问题总算勉强解决了。

从上述松下幸之助的创业故事，想自主创业的年轻人可以从以下两个方面进行学习。

1.筹集开办事业的资金

古人云：兵马未动，粮草先行。打仗如此，创业亦然。

无本生意理论上有，现实中却很鲜见。创业大都要先投入一笔资金，因为你必须找到一个创业的地点，还要聘请人员帮忙；生产性的企业需要设备与原材料，服务性的企业也少不了对场地的装修等，这些都是要花钱的。

所以，相对来说，资金越多就越有生存的空间。在商场上，各方面能力如果相当，接下就是谁手中的钱多，谁成功的机会就越大。

有多大的能力办多大的事。一般是事业小风险小，但收益也少；事业大收益大，但风险也大。因此，应从实际出发，量力而行。创业时一定要从自己的财力、物力以及经商技能、销售能力等实际情况出发，扬长避短，因地因时制宜，有多少钱办多少事。比如，某个体经营者准备开办一个店铺，如果他只有2万元可供支配，那么，只能从这个本钱出发考虑自己的投资规模，或开设小百货店、小食品店，或经营一些蔬菜、水果，等等。

值得各位创业者注意的是，并不是你有多少钱就可开多大规模的店，而是"可供支配"的钱决定了开店的规模。所谓可供支配，还包括支付借贷、进货赊欠等方面的资金。不少渴望创业的人可能手上并没有足够的资金来启动生意，但通过一些筹资渠道，也可以解决资金问题。像松下幸之助，就是通过林伊三郎的关系筹措到了当时的巨款：100日元。

具体来说，一个人创业时大致可以采取下列方式筹集创业资金。

（1）自有资金。自有资金多来自个人积蓄或亲友赠予，此种资金来源较单纯，没有利息支出压力，但通常金额较少，应注意资金应用的方式、额度、用款期限等。

（2）共同出资。亲戚、朋友或同事共同出资开办企业，以期募集较多资金，除了能分散个人投资的风险外，也能有较多的投资标的物选择，但要注意共同出资人的投资理念是否一致、分工角色是否合理。

（3）金融体系与资本市场。创业者可依开店资金需求额度、用途、资产状况，以担保性资产抵押或无担保性之小额消费、信用等方式，向金融机构申请短、中、长期贷款。

（4）非金融体系。非金融体系是指资金由私人借贷取得，但一定要注意不要借高利贷。

有些年轻人确有一腔的创业热情，但总是以自有资金不够为借口，从而错失许多机会。事实上，完全靠自己手里的钱创业的人又有几个？像松下幸之助，手里的钱不足100日元，但他却大胆筹措到了100日元。他就是靠这不足200日元的资金起家，终成大业。

2.找最合适的人帮自己

企业在创立之初，要想找最优秀的人才帮助自己是一种不切实际的想法。你的信誉、资金都不足以吸引到最优秀的人才。因此，你的目标应该是寻找对你创业最合适的人。

尽管家族式企业存在着许多弊端，但对于初创的企业来说，家族式企业似乎更具有凝聚力。松下幸之助在开办电器制作所时，找的人几乎都是自己要好的同事或亲戚。他与员工的这种关系，更增加了企业的抗打击能力。

当然，现在的时代不同了，年轻人在创业时，挑选人才的天地更加宽阔。以下几点，供今天创业的年轻人在创业用人时参照。

（1）有敬业态度。工作态度和敬业精神是挑选人才时应优先考虑的条件。一般说来，人的智力相差无几，工作业绩的优劣往往取决于对工作的负责态度以及勇于承担任务的精神。在工作中遇到挫折时，那些仍能顽强拼搏、坚持到底的员工，其工作效益也必然较高，并会因此受到上级领导和同事们的倚重和信赖。对企业忠诚和工作积极主动的员工是最受企业欢迎的人，而那些动辄想跳槽、耐心不足、不虚心、办事不踏实的人，则是企业最不欢迎的人。很多老板认为，年轻员工对待遇和福利的要求越来越高，对工作越来越不负责，对企业越来越不忠诚。这类员工频繁流动的现象已使不少企业将保持员工队伍的稳定，作为企业人事管理的最重要目标之一。

（2）专业胜任能力或学习潜力。现代社会分工细致，各行各业所需的专业知识越来越专、越来越精。因此，专业胜任能力已成为企业招聘人才时需要重点考虑的问题。但在越来越多的企业重视员工培训的趋势下，新进员工是否具备专业知识和工作经验，并不是企业选择人才所必须具备的条件，取而代之的是该员工接受训练的可能性，即学习潜力如何。所谓学习潜力，是指素质良好，有极高的追求成功的动机、学习欲望和学习能力。现在有很多企业在选择人才时，倾向于选用有学习潜力的人，而不是仅仅具备专业知识与能力的人。还有很多企业流行的做法是在招聘人员时，加考其志向及智力方面的试题，其目的在于测试应聘者的潜力。

（3）道德品质。这是为人处世的根本，也是企业对人才的基本要求。一个人再有学问和能力，如果道德品质败坏，也会给企业造成极大的损害。近些年来，员工欺骗企业，在外行为不端，破坏企业形象等事件不断发生，舆论要求企业履行社会责任的呼声也一浪高于一浪。许多学校及培训单位已加开了企业道德与商业道德课程。因此，企业为了自身的形象和发展，对应聘者的道德品质将更加重视。

（4）反应能力。对问题分析缜密、判断正确而且能够迅速做出反应的人，在其遇到困难时比较容易成功。尤其是在生意场上面临诸多变化，几乎每天都处在危机中，只有抢抓机遇，准确掌握时机，妥善应对各种局面，才能立于不败之地。一个分析能力很强、反应敏捷，并且能有效地解决问题的员工，企业应充分重视并给予其创造发展的环境。

（5）沟通能力。企业员工必然要面对上级、同事、下级、客户等社会大众，甚至处理企业与股东、同行、政府、社区居民的关系。为了扩大业务，平时还会有对其他单位或个人进行协调、解说、宣传等工作。因此，沟通能力已成为现代人的生活必备能力。

（6）团队精神。当今社会，一个人再优秀、再杰出，仅靠自己的力量也是难以取得事业成功的。想要顺利完成工作的人，必定要有团队合作精神。员工在个性特点上要具有团队精神或合群性，是很多企业的普遍要求。英雄主义色彩太浓的人在企业里很难立足。因为要想做好一件事情，绝不能仅凭个人爱好，独断专行。只有通过与他人的不断沟通、协调、讨论，一切从整体利益出发，集合众人的智慧和力量，才能做出让大家接受和支持的决定，才能把事情办好。

（7）身体健康。一位能够胜任工作的员工，除了品德、能力、个性等因素外，良好的体能也是重要的因素。事业的成功有赖于健康的身体，一个身体健康的员工，做起事来精力充沛，干劲十足，才能担负较繁重的任务，不致因体力不济而功败垂成。

（8）自我了解。对人生进行规划或设计的思想越来越受到人们的重视。所谓人生设计，是指通过对自我的了解，选择适合的工作或事业，投身其中并为之奋斗，对财富、家庭、休闲、社交等进行切实可行的规划，以满足自己的期望。人生目的明确、自我能力强的员工不会人云亦云、随波逐流，他们即使面对挫折，也能努力克服，不会轻易退却，因而能在生产或其他工作中发挥其主观能动性。

（9）适应环境。企业在挑选人才时，必须注重所选人员适应环境的能力，避免提拔个性过于孤僻或太富理想的人，因为这样的人较难与周围的人和睦相处，或是做事不够踏实。这些都会影响其他同事的工作情绪和士气。

◆ 学习从失败中制胜

经过3个月紧张的工作，松下的家庭作坊终于在1917年10月中旬生产出电器插座。

"既然做出来了，还是赶快拿去卖了吧。"森田君自告奋勇，把插座一卷，就走出门去。

松下与林君急忙跟上，上了街，发现森田君站在街口徘徊。"也真是的，这东西上哪儿卖呢？我们连一个批发商也不认识，在这之前，我们连一个粗略的销售计划都没有。更令人哭笑不得的是，拿产品出了门，我们连定价是多少都不知道！"大家都为这事犯愁。于是，三个人临时抱佛脚，在街头召开了第一次"销售会议"。

结果是由森田君去电器行，拿样品给对方看，说出定价，看对方做何反应。

松下在家里焦虑地等待。"那东西卖得出去吗？森田君回来会不会说一声'完了'。"松下伸长脖子望向通往大街的路口，从没这般紧张过。

黄昏的时候，森田君风尘仆仆地赶回来，一口气喝光一大杯水，说道："还没遇到过这么困难的事情，实在是吃力得很。有一家电器行让我等了许久，结果是叫我下次再来，他们连看都不看样品一眼。另外一家，把样品拿在手里，劈头盖脸地问道：'你们是什么时候开始制造电器的？除了插座，还能够制造什么东西？都有哪些客户使用你们的产品？'唉，他们净问些我们想象不到的问题。我照实说了，他们马上就把样品还给我，打发我走。还有一家我想是有希望的，老板仔细看了样品，也问了我价钱，但最后却告诉我：'你们只是新开的厂吧？像这样的新插座，恐怕卖不出去呀，所以我们暂时不敢订购，等这种插座打开销路，我们再订购一批吧。'……"

森田君一家接一家如实道来，松下越听心越凉，心中叫苦不迭："卖不出去，那就等于是白干呀！我们光忙着制造，怎么没想到销售呢？"

一连10天，森田君不停地在大阪奔波，好不容易卖了一百来只，收到的现金还不到10元。汇总各电器行反馈来的意见，结论是：这种插座不好使用。

这种结论无疑暴露了产品设计的最大弱点——没能站在客户的立场考虑问题。松下最早是这样想的：你用那种形式的插座能接通电源，那么，我采用这种形式的插座能不能接通电源？试验得出的结论是：能。但有没有市场前景呢。松下没考虑过这些问题，这些道理是在这次惨败之后才悟出的。

苦心谋划的事情搞砸了，这并不可怕，可怕的是人们并不知道从中反思自己，吸取教训。一个人一生要想顺风顺水地度过几乎是不可能的，而能否在每一次挫折或失败中都吸取教训，便成了成功者与失败者的分水岭。

常有人说"失败是成功之母"，但若一个人在失败之后没有反省自己，分析自己失败的原因，从过去的失败中总结经验，吸取教训，成功依旧会很遥远。

日本人常说："当你跌倒时，不要空手站起来！"松下在这一点上就做得很好。他在遭受失败后没有怨天尤人，而是对自己之所以失败进行了反思与总结。

每一次都要从跌倒中得到一些启发，学习从失败中制胜的道理。只有这样，你才能真正领悟到"失败是成功之母"的道理。

世界著名的英国女作家阿加莎·克莉斯蒂一生曾写出闻名遐迩的《尼罗河上的惨案》《东方快车上的谋杀案》等80多部侦探小说，是一位作品多且精的女作家。克莉斯蒂在全世界各地拥有数以亿计的忠实读者，在世界文学界的地位极高，然而正是这位誉满全球的女作家，在拥有数以亿计的忠实读者的同时，却不能拥有自己的丈夫。

克莉斯蒂和她的丈夫结婚几年来，两人感情至深，非常珍爱着对方。丈夫在克莉斯蒂的写作兴趣上，大力支持她，为了酝酿克莉斯蒂的灵感，她丈夫经常陪她出去经历一些观光探险的野外活动，为克莉斯蒂的创作尽心尽责。

随着克莉斯蒂的作品在全世界引起越来越多的作家和读者的注意，她的名声越来越广，加上克莉斯蒂把越来越多的精力放在写作上，她丈夫终于无可忍受，弃她而去，投入了另外一个女人的怀抱。曾十分理解并支持她的创作、曾在创作上帮过她不少的忙、曾与她情深意笃的丈夫突然另寻新欢，克莉斯蒂受不了这强烈的刺激，突然失去了记忆。

尽管克莉斯蒂在医生的帮助下终于恢复了记忆，但是要抹去心底的创伤太难了。克莉斯蒂并没有就此消沉。此后，她把整个身心全部投入了创作，她要在创作的激情中摆脱痛苦。从那以后，她的小说几乎以每年两本的速度连连问世。请听听克莉斯蒂对这次重创的理解和感受：

"我想一个人也许应该回顾她曾经有过的羞辱和痛苦，然后说：是的，这曾是我生活中的一部分，但这一部分已经结束了，无须再多想它。面对挫折，我们可以轰轰烈烈地挽回败局，也可以平心静气地战胜痛苦。失败、落泪、痛苦、羞辱都是人生一部分，过去了就无须在意，要紧的是今后要快乐地生活，快乐地去寻找机会重新生活。"

是的，面对失败，我们无须太过自责，不管是多大的失败，多深的创伤，过去的毕竟过去了，我们还要面对未来，面对生活，所以我们要从失败中吸取教训，总结过去，放眼未来。

伟大的汽车发明奇才吉德林曾说："发明家几乎随时都会失败！"他强调发明家难免失败，因为他自己便尝过上千次的失败！失败总是难免，重要的是从失败中吸取教训，从失败中长经验。

如果因为失败就觉得无脸见人，不敢再尝试，那么，就注定没有出头的机会了。或者由于碰过几次壁便裹足不前的人，也同样难和成功结上缘分。

其实，失败并不等于毫无所得，失败能让你知道什么是行不通的；失败的经历越多，知道失败的原因也越多。屡试屡败之后获得成功的人，不但学到了行不通的道理，同时也学会了行得通的方法！

所谓吃一堑，长一智，一败再败的人，又怎能不智慧过人呢？难怪许多成功的人物都经过上百次上千次的失败，他们利用失败教育自己，结果成为举世闻名的聪明人！

◆ 抱着绝望的心情去努力

从1917年7月到10月，松下幸之助投入了所有的创业资金，却只回收了不到10日元的资金。松下幸之助并没有因首战失利而陷入颓唐，相反，他还是如最初那样斗志昂扬。他下一步准备是从产品改良着手，试图用高性能的产品突破销售的窘境。

然而，产品的改良是需要资金的。此时的松下幸之助已经到了连吃饭都成问题的地步，到哪儿去筹这笔钱呢？

时间一天一天过去了，原先雄心勃勃的森田君和林伊三郎不得不为了生计，离开了松下幸之助的电器制作所。

松下幸之助会退缩吗？他会回到那个仍希望他回去工作的电灯公司吗？不，他不会。他仍然独自地、默默地、苦苦地支撑着他的事业。

眼看年关快到了，那一年，大阪的冬天格外冷。松下幸之助的改良新插座制作因资金匮乏陷于停顿，照这样硬撑，家庭工厂在来年只有关门这条路了。但是，天无绝人之路——12月份的一天，松下非常意外地接到某电器商会的通知：急需1000个电风扇的底盘。对方说："时间很紧，如果你们的产品质量良好的话，每年需要两三万台的批量都是有可能的。"

松下并不知道他们是如何找到他这家濒临倒闭的家庭小作坊而下订单的。在第二次改良插座之际，他曾去过一些电器行做市场调查，也为第二次产品的销售事先联络感情。松下只是介绍他准备推出的新型插座，压根儿没谈及过电风扇底盘。

电风扇底盘是由川北电器行订购的。他们原来用的底盘是用陶器制作的，既笨重，又容易破损，于是，才想到改用合成树脂。他们挑选了好几家制造商，最后才确定为松下的这家家庭工厂。这是因为他们认为松下生产的插座不好使用，但作为原料的合成树脂本身却没有问题；松下的家庭工厂没有正规产品，因此会全力以赴地制作电风扇底盘。为此，他们还暗地里来探视考察过。那时候，大阪的电器制造厂家大都小打小闹，不过松下的小作坊还不算特别寒碜。

松下马上把改良插座的计划搁下，全身心地投入底盘制作中。妻子井植梅之又一次做出重大牺牲，把陪嫁首饰押到典当铺去。松下凭着这点珍贵而又可怜的资金，找模具厂定做模具。一连7天，松下都蹲在模具厂一个劲儿地亲自监督模具的制作。

这可是千载难逢的生意，如果耽误了，以后就不会有第二次。模具做好后，压制了6个样品送往川北电器行鉴定，他们说："可以，请立即投入批量生产，12月底先交1000只。如果好，紧接着再订购四五千只不成问题。"

松下带着内弟井植岁男投入制造，披星戴月。当时的设备只有压型机和煮锅。岁男刚刚15岁，个子特别矮小，力气也小，因此，压型全由松下一人担当。当时的压型机还没有配动力，全靠手工，这可是件笨重的体力活儿，对体弱的松下来说，实在是勉为其难。松下一心为赶时间出产品，并不觉得十分苦。岁男负责将成品擦亮，松下调料时他蹲在地上烧火。整个车间和卧房烟雾弥漫，刺鼻且有毒的柏油气味熏得人眼泪鼻涕俱下。

每天的进度是100只，不到月底，终于把1000只订货交清。电器行的职员满意地说："不错不错，川北老板一定会很高兴。我们会再给业务让你们做。"

松下收到160日元现金，除去模具材料等费用，大约足足赚了80日元。这是松下家庭工厂第一次赢利，喜悦之情，难以言表。

松下幸之助在一次演讲中谈到"永远不要绝望"这一话题时，有一位年轻的听众问道如果做不到怎么办。松下幸之助斩钉截铁地回答："如果做不到的话，那就抱着绝望的心情去努力工作。"

松下幸之助所谓的"抱着绝望的心情"，并不是一种负面的、悲观的心情，而是一种不达目的不罢休、坚韧不拔的精神。"有志者，事竟成，破釜沉舟，百二秦关终属楚；苦心人，天不负，卧薪尝胆，三千越甲可吞吴。"——靠的正是"抱着绝望的心情"去努力、去打拼。

坚忍可以克服一切难关。试问诸事百业，有哪一种可以不经坚忍的努力而获成功呢？

现实中，有无数因坚忍而成功的事实。坚忍可以使柔弱的女人养活她们的全家；可以使穷苦的孩子努力奋斗，最终找到生活的出路；可以使一些残疾人靠着自己的辛劳，养活他们年老体弱的父母。除此之外，如山洞的开凿、桥梁的建筑、铁道的铺设，没有一件事不是靠着坚忍而成功的。人类历史上最大的功绩之一——万里长城的修建，也要归功于建设者的坚忍。

在世界上，没有别的东西可以替代坚忍，教育不能替代，父辈的遗产和有力者垂青也不能替代，而命运则更不能替代。

秉性坚忍，是成大事立大业者的特征。这些人之所以能获得巨大的事业成就，或许没有其他卓越品质的辅助，但肯定少不了坚忍的特性。从事体力劳动者不厌恶劳动，终日劳碌者不觉疲倦，生活困难者不感到沮丧，都是由于这些人具有坚忍的品质。

依靠坚忍为资本而终获成功的年轻人，比以金钱为资本获得成功的人要多得多。人类历史上成功者的故事足以说明：坚忍是克服贫穷的最好药方。

已过世的克雷古夫人说过："美国人成功的秘诀，就是不怕失败，他们在事业上竭尽全力，毫不顾及失败，即使失败也会重新再来，并有比以前更坚忍的决心，努力奋斗直至成功。"

有些人遭到了一次失败，便把它看成拿破仑的滑铁卢，从此失去勇气，一蹶不振。可是，在刚强坚毅者的眼里，却没有所谓的滑铁卢。那些一心要得胜、立意要成功的人即使失败了，也不以一时失败为最后结局，还会继续奋斗。

有这样一种人，他们不论做什么都会全力以赴，总是有着明确而必须达到的目标。在每次失败时，他们便笑容可掬地站起来，然后下更大的决心向前迈进。比如，美国南北战争时期的格兰特将军就从不知道屈服，从不知道什么是"最后的失败"，在他的词汇里面，也找不到"不能"和"不可能"几个字，任何困难、阻碍都不足以使他跌倒，任何灾祸、不幸都不足以使他灰心。

坚忍勇敢，是伟大人物的特征。没有坚忍勇敢品质的人，不敢抓住机会，不敢冒险，一遇困难，便会主动退缩，一获小小成就，便感到满足。

历史上许多伟大的成功者，都是坚忍的受益者。发明家埋头研究，是何等的艰苦，一旦成功，又是何等的愉快。世界上一切伟大事业，都是在坚忍勇敢者的手中诞生，当别人开始放弃时，他们却仍然坚定地去做。真正有着坚强毅力的人，做事时总是埋头苦干直到成功。许多人做事有始无终，在开始做事时充满热忱，但因缺乏坚忍与毅力，半途而废。任何事情往往都是开头容易而完成难，所以要估计一个人才能的高下，不能看他所做的事情有多少，而要看他最终的成就有多少。例如，在赛跑中，裁判并不计算选手在起跑线上出发时怎样快，而只计算跑到终点的先后。

　　所以，考察一个人做事成功与否，要看他有无坚忍的品质，能否善始善终。坚忍不拔、锲而不舍是创业者应有的美德，也是完成工作的要素。有些人在和别人合作完成一件事时，开始还是共同努力的，可是到了中途便感到困难，于是就停止合作了。只有少数人还在勉强维持。可是这少数人如果没有坚强的毅力，工作中再遇到阻力与障碍，势必也会随着那放弃的大多人数，同归失败。所以，要想取得成功，就要培养和练就自己坚韧不拔的品性，无论遇到什么艰难困苦，都要保持奋发向上的热情，保持一定成功的信念，不断向着成功迈出坚实步伐。

　　1.能吃多大苦，就会享多大福

　　有人说：每一次挫折都带着具有等值好处的种子。这种观点很有道理。中国有句俗语"能吃多大苦，就会享多大福"，说的也是这个道理。挫折与成功是对立的矛盾统一体。在你承受挫折同时，往往也是你增长见识、增长能力、增长成功概率的良好时机。有时候，挫折甚至会带来超过自身价值的回报。所谓"不经历风雨，怎么能见彩虹。没有人能随随便便成功"，正是这种境界。正因为这种挫折是走向成功的必经程序，没有这样的挫折你就永远不能成功。从一定意义上说，你应该感谢挫折，是挫折为你带来了成功的种子。

　　每个人对待挫折的正确态度是：以积极的心态面对挫折，以高昂的热情挑战挫折，最终坚定自己战胜挫折的信心和勇气，并向着预定的目标挺进。维持这种态度的最好方式在于充分坚定自己的意志力，将挫折看成挑战和考验。这种挑战，应该被接受为一项刻意传达的信息，必须适度修正自己的计划。看待挫折就好像看待病痛一般，显然，肉体上的病痛是大自然通知个人的一种方式，说明有些事情需要加以注意及矫正。病痛可能是福气，而非祸因。同理，当人遭遇挫折时所经历的心理痛苦，或许会带来不舒服的感受，然而，它却是有益的。

斯巴昆说："有许多人一生之所以伟大，那是来自他们所经历的大困难。"精良的斧头、锋利的斧刃是从炉火的锻炼与磨削中得来的。很多人具备"大有作为"的才智，但是，由于一生中没有同"逆境"搏斗的机会，没有充分的"困难"磨炼，不足以激起其内在的潜能，而终生默默无闻。逆境不全是我们的仇敌，有时也算恩人。逆境可以锻炼我们"克服困难"的种种能力。森林中的大树，不同暴风猛雨搏斗过千百回，树干不会长得结实。人不遭遇种种逆境，人格、本领也不会形成完美。一切磨难、忧苦与悲哀，都是足以助长我们、锻炼我们的"增塑剂"。

在某次战役的一次战斗中，一颗炮弹把战区中的一座美丽的街心花园炸毁了。但在那被炮火所炸开的泥缝中，却忽然喷射一股泉水。从此以后，这儿就成了一个永久不息的喷泉。

逆境与忧苦，能将我们的心灵炸碎。但在那被炸开的裂缝中，会有丰盛的经验、新鲜的欢愉不停地喷射出来！有许多人不到穷困潦倒，不会发现自己的力量。灾祸的折磨，足以助我们发现"自己"。困苦、逆境，仿佛是将生命炼成"美好"的铁锤与斧头。唯有逆境、困难，才能使一个人变得坚强，变得无敌。

一位著名的科学家说："当他遭遇到一个似乎不可超越的难题时，就知道自己快要有新的发现了。"

初出茅庐的作家，把书稿送入出版社，往往要遭受"退稿"的冷遇，但却因此造就了许多著名的作家。

逆境足以燃起一个人的热情，唤醒一个人的潜力而使他达到成功。有本领、有骨气的人，能将"失望"变为"扶助"，如同蚌能将导致自己痛的沙砾变成珍珠。鹭鸟一旦毛羽生成，母鸟会将它们逐出巢外，强行让它们做空中飞翔的练习。那种经验，使它们能于日后成为自由飞翔和觅食的能手。

凡是环境不顺利，到处被摒弃、被排斥的年轻人，往往日后会有大出息；而那些从小就生活在顺境中的人，却常常会苗而不秀，秀而不实。自然往往在给予人一分困难时，同时也添给人一分智力。

贫穷、痛苦不是永久不可超越的障碍，而是心灵的刺激品，可以锻炼我们的身心，使得身心更坚毅、更强固。钻石越硬，则它的光彩越耀眼。要将其光彩显示出来时所需的摩擦也越多。只有摩擦，才能使钻石显示出它全部的美丽。火石不经摩擦，不会发出火花；人不经历坎坷，生命火焰不会燃烧。

年轻人在工作、生活中，如何对待挫折，既是成熟与幼稚的标志，也是能否历练成才的关键所在。如果一遇到丁点儿挫折就牢骚满腹、怨天尤人，则只能在挫折的泥淖中越陷越深。反之，就会使自己不断成熟，并最终把挫折附带的种子培育成灿烂的花朵和丰硕的果实，到那时你品尝到的将是成功之美酒。

2.一次跌倒，并不是弱者

"在哪里跌倒，在哪里爬起来"是不逃避失败的一种态度，同时也可让同行了解"我某某站起来了"，但你必须先确定你走的路是对的。如果跌倒之后，发现原来是走错了路，也就是说，你走的是一条不能发挥你的专长、不符合你性格的路，为什么不能在别的地方爬起来呢？事实上，就有不少人做过很多事，最后才找到适合自己的行业。而且，只要能够成功，谁在乎你从哪里爬起来呢？因为一次跌倒，并不能证明你是弱者。

为什么强调一定要爬起来，主要有以下几个理由。

人性是看上不看下，扶正不扶歪的。你跌倒了，如果你本来就不怎么样，那别人会因为你的跌倒而更加看轻你；如果你已有所成就，那么你的跌倒将是许多心怀妒意的人眼中的"好戏"。所以，为了不让人看轻，保住你的尊严，你一定要爬起来！不让他人小看，不让他人笑看。

"跌倒"并不代表永远起不来，但前提是你先得爬起来，才能继续和他人竞逐，躺在地上是不会有任何机会的。

如果你因为跌重了而不想爬起来，那么不但没有人来扶你，而且你还会成为人们唾弃的对象；如果你忍着痛苦要爬起来，迟早会得到别人的协助；如果你丧失"爬起来"的意志与勇气，当然不会有人来帮助你。因此，你一定要自己爬起来！

一个人要成就事业，其意志相当重要。意志可以改变一切，跌倒之后忍痛爬起，这是对自己意志的磨炼。有了如钢的意志，便不怕下次"可能"还会跌倒了。为了你今后漫长的人生道路，你一定要爬起来！

有时候人跌倒了，一定要爬起来。这样，你才会知道，你完全可以应付这次的跌倒，也就是说，知道自己的能力何在。如果自认为起不来，那岂不浪费了自己的高贵才能？

总而言之，不管跌的是轻还是重，如果你不愿爬起来，那你就会丧失机会，被人看不起。这就是人性的现实，没什么道理好说。所以，你一定要自己爬起来，并且能重新站立起来。就算爬起来又倒了下去，至少也是个勇者，而绝不会被人当成弱者。

至于跌倒了应在哪里爬起来，有人说"在哪里跌倒，就在哪里爬起来"，其实也不尽然，你也可在别的地方爬起来！

人不可能一生一帆风顺，总有摔跤跌倒之时，这就是打击。但有一点要记住：不管你是什么形式的"跌倒"，不管你跌得怎样，跌倒了，一定要爬起来！

最后，我们用一句脍炙人口的名言来作为结束语：冬天来了，春天还会远吗？

◆ 彼此信任，比什么都重要

松下幸之助的家庭作坊为了应付电风扇底盘的订单，每天加班到12点都难以完成。松下马上雇了四五个工人。

合成树脂的配方及工艺，在当时被电器业视为高级的技术机密。每位业主都是由自己家人或亲戚掌握并操作，严格禁止外人待在现场。

那么，雇用来的工人是不是外人呢？可松下认为：传统的对待业主和雇工的做法劳神费时，在工资和利润两方面都不合适；如果什么事都把雇员支得远远的，雇员也就不会把企业看成"自己的厂子"，没有主人翁责任感。

松下的企业允许任何员工待在现场，甚至在他们进厂的第一天，就告诉他们"机密"。

松下的一位朋友警告他说："松下君，那是危险的。你把那样重要的机密技术教给才进来的人，等于把机密公开，这样一来，等于增加了与你竞争的同行，你自己会深受其害。应该多考虑啊！"

松下坦然地说："我认为不必那么担心。只要先告诉他，那是必须保密的技术，就不致像你担心的那样，把机密泄露出去。大家彼此信任，比什么都重要。我不喜欢为了一个秘密，而去疑心重重地经营。这样做不但对事业的进展有阻，也不符合培养人才之道。如果那样的话，反而会激起员工的好奇而窃取机密，那可是防不胜防的。当然，我也不是随意乱开放，只要我认为这人可以信赖，就算他今天刚来，我也会让他知道机密。"

年轻人干事业、开公司，也应该像松下一样，尽量让员工了解雇主的想法、公司的业务内容和方针，如此，才能发挥他们强大的潜力。

松下在刚开始创业时，就严格地把私人收支和工厂开支分开。个人每天的收支，记录在个人的收支簿里，工厂的账簿则每月结算一次，由会计整理。这样，个人与工厂的收支就完全分开了，不相混淆；并且工厂的收支情况，都按月向员工报告。这种制度，从创业之初只有十几个员工时起一直延续到现在。

每次，松下都会对员工说明做了多少生意，赚了多少钱。"因为我认为我的投资，必须有利益的保障，所以把赚来的钱，一部分留作我个人生活使用，这是非常光明正大的。至于大部分的利益，则当作工厂的资本储存起来。这么一来，大家就会很快乐，心情开朗，我自己也觉得异常兴奋。"

后来，松下电器改成股份有限公司，个人的利益和公司的利益更要截然分开，而且每年的结算也不只在公司内部公开，还要向社会大众公开。为了使员工能抱着开朗的心情去工作，他采取了开放式的经营方式，开放的不只是财务，而且技术、管理、经营方针和经营实况，都尽量让公司内的员工了解。

这种开放式的经营，使每一个员工都觉得："松下电器不是松下幸之助一个人的，而是全体员工共同经营的公司。"这样一个让全体员工都有责任感的环境，自然能培养出很多优秀的人才。

当然，无论企业是何种类，也不论其大小如何，都不能避免激烈的竞争，所以都会保留一些商业机密。但在松下幸之助看来，过度地保护"机密"，会使员工产生隔阂的心态，降低工作效率，那才是得不偿失的。可是要公司完全除去这层心理障碍，完全地公开秘密，往往并不容易做到。在原则上，信赖员工，并把实际的情况告诉他们，才是最佳的办法。

这个原则不仅对整个公司，而且对于公司内各部门而言，也是相同的，部门或科里的人，都应当了解公司的实际情况。孔子曾说过："民可使知之，不可使由之。"的确，在封建时代，掌权者可以以独裁方式支配百姓，可以不让百姓知道政治，而只要他们服从。可在当今民主科学时代，这不能不说是极端错误。

企业经营也应该采取民主作风，不可让部下存有依赖领导、盲目服从的心理。每个人都应以自主精神而负责地工作。松下幸之助相信，一个现代的经营者必须做到"宁可让每个人都知道，不可让任何人心存依赖"，才能在员工之间激起一股蓬勃的朝气，推动整个事业的发展。

◆ 不甘现状，勇于进取

虽然松下电器制作所生产的电风扇底盘在川北电器行的推广下，各地的订单如雪片般飞来，松下幸之助却丝毫不满足，他的目标是建立一个电器王国。于是，手上有了一定资金的松下幸之助，决定再次进军电器插座市场。

1918年3月，松下幸之助终于又朝自己的梦想前进了一步：正式成立了自己的公司——松下电器制作所。这一年，松下幸之助24岁。

"各地的订单如雪片般飞来"，对于一个创业者来说是何等惬意的一件事情。在这种情况之下，请年轻的你问一下自己，你会因此而满足吗？

松下并不满足，因为——他的目标是建立一个电器王国。这些成功只不过是他成功路上的一个驿站而已。松下就是这样一个不甘现状而勇于进取的人。

人们常说"逆水行舟，不进则退"。生意场上也是这样。特别是刚刚创建的小企业，由于竞争力弱，受市场和外部冲击的影响巨大，稍有不慎，就有可能破产倒闭。

　　这就需要小企业经营者能居安思危，千万不可沉醉于自己的"十几个人七八条枪"的局面，要不断警告自己，作为市场竞争中的弱者，随时都有可能被别人蚕食鲸吞。

　　要做到居安思危，就必须不断地找出自己企业的缺点，不断改进自己的产品。有一个企业主说："我的公司总是不断地淘汰自己的产品，因为我知道，如果我们自己不淘汰，别人也会帮我们淘汰的，但真到了那时候我们就完了。"作为小企业，由于生产的产品种类比较单一，如果这种产品在市场上被淘汰，那么立刻就会面临灭顶之灾。对于这种局面，每一个小企业经营者必须有清醒的认识。松下幸之助正是基于这种"居安思危"的思想，不满于电风扇底盘的畅销，开发出改良的新型插座。

　　有"百货大王"之称的上海永安百货公司创始人郭东，在和松下幸之助一样的年龄时，在悉尼开了一家小型水果店，店名叫"永安果栏"，主要经营水果和中国的特产，郭东担任经理。郭东很快就发现，当地水果市场竞争非常激烈，为了使本小利薄的小店生存和发展，郭东挖空了心思。后来，他说服了当地另外两家华人果栏和"永安"联合起来，一致对外。联盟后的水果店，资金雄厚了，在郭东的成功经营下，在相当程度上控制了市场。

　　"永安"占领了悉尼水果市场后，郭东并没有感到满足。他清醒地看到水果的销售市场毕竟十分有限，前景并不看好。在经过详细调查和缜密思考后，郭东向同事分析了形势，告诉他们公司如果不向别的方向发展，可能会保不住目前的情况。在经过股东的同意后，"永安"开始向利大货畅的百货业投资。

　　郭东首先在香港地区创办了永安公司，经营各种商品。由于他的公司服务热情，还专门设立了代华人办理护照、供给食宿的"金山庄"，所以深得华人的信赖。当地华人不但偏爱"永安"的商品，还愿意把钱存在永安公司的储蓄部。这样，永安公司就迅速兴旺发达起来了。

孟子说：生于忧患，死于安乐。

英特尔公司总裁葛洛夫有句至理名言："唯有忧患意识，才能永远长存。"据调查，世界百家成功企业的经营管理者，对于企业危机，没有一个自我感觉良好的。

自古以来，每一个成功者都有勇往直前、不满足于现状的进取心。可以说，他们没有对自己取得的一点点成就沾沾自喜，大多数人都表示要继续努力。这就是一种进取心，是推动人们进行创造的动力。当一个人具有不断进取的决心时，这种决心就会化作一股无穷的力量，这种力量是任何困难和挫折都阻挡不了的，凭着这股力量，他会不达目的绝不罢休。进取心，是一个人实现目标不可缺少的要素，它会使你进步，使你受到注意而且会给你带来不断成功的机会。

进取心是一种极为难得的美德，它能驱使一个人在不被吩咐应该去做什么事之前，就能主动地去做应该做的事。

对于一个有进取心的人来说，他无论身处顺境还是逆境，都会十分努力。

◆ 和总经销商的愉快合作

再次进军插座市场的松下幸之助决定另辟蹊径。他先仔细研究了别人的产品，发现还有改良的余地，就着手进行创造性的改进，并且拿到了"发明专利"。松下的双灯用插座投入市场后，更受客户青睐，非常畅销。

有一天，大阪的一家批发商吉田来拜访松下幸之助，说："松下君，我对你的双灯用插座很感兴趣，能不能让我总经销呢？大阪方面由我的店批发，东京方面则由我朋友的商店批发。"

双灯用插座销路良好，如果由吉田总经销，销路可能会更好。以现有的资金设备，肯定应付不了这么大的需求量。于是，松下说："我现在的工厂设备不够，就算是让你总经销，只怕产量跟不上销量。如果你有意做总经销，我打算把工厂设备扩大，以便增加产量，所以，当保证金也好，当资金借款也好，反正请你提供3000日元给我。这笔钱用于扩大生产规模，以后销量增大就不用发愁，也不致拖你后腿了。"

吉田君满口答应，给了松下3000日元保证金。

松下幸之助与吉田的产销一条龙体制的建立，促成了双灯用插座向市场进军。二人合作，月产量由2000个增加到3000个、5000个，松下和全体员工乐不可支。

松下幸之助认为：能使商品价值得以发挥的，是促销经验丰富的经销商，而不是设计新产品的制造厂商。于是，他极力促成了自己与吉田的合作。

松下深知：独木不成林，团结才有力量。只有与人合作，才会众志成城，战胜一切困难，产生巨大的前进动力。所以，养成良好的合作习惯，关系到年轻人的前途大业。

一盘散沙，尽管它金黄发亮，也仍然没有太大的作用。但是，如果建筑工人把它掺在水泥中，就能成为建造高楼大厦的楼板和支柱。如果化工厂的工人把它烧结冷却，它就能变成晶莹透明的玻璃。单个人犹如沙粒，只要与人合作，就会起到意想不到的变化，变成不可思议的有用之材。年轻人要学会与人合作，掌握这种才能，才能使自己的事业向前发展。

21世纪是一个合作的时代，合作已成为人类生存的手段。因为科学知识向纵深方向发展，社会分工越来越精细，人们不可能再成为百科全书式的人物。每个人都要借助他人的智慧完成自己人生的超越。于是这个世界充满了竞争与挑战，也充满了合作与快乐。

合作不仅使科学王国不再壁垒森严，同时也改写了世界经济的疆界。我们正经历一场转变，这一转变将重组世界的政治和经济。将没有单一的某国产品或技术，没有单一的某国公司，没有单一的某国工业，至少不再有我们通常所认知的一国的经济。留存在国家界线之内的一切，仅是组成这个国家的公民。

在21世纪的今天，世界化的科技合作早已超越了国境线，许多大公司开始做出跨国性经营，财力、物力与人力的重新组合，导致了生产效率提高和社会物质财富总量的增加，必将使科学技术的成果在更广泛的范围内造福于人类。

1.合作：1+1>2

合作讲究的是取长补短，用自己的强项与他人的强项进行"强强联手"，以达到1+1>2的目的。

清末名商胡雪岩，自己不甚读书识字，但他却从生活经验中总结出了一套哲学，归纳起来就是"花花轿子人抬人"。他善于观察人的心理，把士、农、工、商等阶层的人都聚拢起来，以自己的钱业优势，与这些人协同作业。由于他长袖善舞，所以别的人也为他的行为所打动，对他产生了信任。他与漕帮协作，及时完成了粮食上缴的任务。与王有龄合作，王有龄有了钱在官场上混，胡雪岩也有了机会在商场上发达。如此种种的互惠合作，使胡雪岩这样一个小学徒工变成了一个执江南半壁钱业之牛耳的巨商。

能力有限是我们每一个人的问题。但是，只要有心与人合作，善假于物，那就要取人之长，补己之短，而且能互惠互利，让合作的双方都能从中受益。

通过别人实现自己的愿望其实是一种智慧，虽然我们不能每个人都达到这一点，但每个人都可能与人合作，携手做出更大的事业。

但是，有些年轻人却信奉另外的一种哲学，他们认为，财富总是有一定的限度，你有了，我就没有了。

这是一种享受财富的哲学而不是一种创造财富的哲学。财富创造出来固然是为了分享的，但是我们的注意力并不在这里，我们更关注的是财富的创造。

同样大的一块蛋糕，分的人越多，自然每个人分到口中的就越少。如果斤斤计较这些，我们就会相信享受财富的哲学，我们就会去争抢食物。但是，如果我们是在联手制作蛋糕，那么，只要蛋糕能不断地往大处做，我们就不会为眼下分到的蛋糕大小而倍感不平了。因为我们知道，蛋糕还在不断地做大，眼下虽然少一块儿，以后随时可以再弥补过来。而且，只要联合起来，把蛋糕做大了，根本不用发愁能否分到蛋糕。

过去农村信息闭塞，获取财富极端困难，一辈子难得有一桌一椅一床一盆儿一罐。所以，那时农村分家是件很困难的事情，很多时候兄弟妯娌间为了一个小罐、一张小凳子便会恶语相向，乃至大打出手。这是一种典型的分财哲学。

后来，人们走出来了，兄弟姊妹都往城里跑，财富积累越来越多。回过头来，发现留在家里的亲眷根本犯不着为一些鸡毛蒜皮儿的事生气。相反，嫂子留在家里，属于弟弟的田不妨代种一下；父母留在家里，小孙子、小外孙也不妨照看一下。相互帮助，尽量解除出门在外之人的后顾之忧。反过来，出门人也会感谢老家亲戚的互相体谅和帮助。一种新的哲学也就诞生了，这种哲学就是：你好，我也好，协作起来更好。

年轻人首先要搞好人际关系，养成与人合作的良好习惯，才会在事业发展中获得他人的帮助，才能与他人携手共建未来。

朱光潜曾告诫青年人，与人合作，品质是最主要的。朱光潜认为，养成合作的习惯还不算成功，更重要的是要有好的品质来维系这一合作习惯，使之不断完善和提高。

做人应以诚为本，合作中亦然。只有真诚才能赢得别人的信赖。

荀子说："人，力不若牛，走不若马，而牛马为所用，何也？曰：人能群，彼不能群也。"

既然与人交往是人的一种本能，与人合作又是快乐的源泉，那就应该把它融于生活之中，建立良好的社会关系，在合作中体味成功的快乐，展现良好的品格。

2.合作：腾飞的起点

合作就像婚姻，它是你腾飞的起点，是你发达的基础。好的婚姻使人幸福有加，好的合作使人飞黄腾达。有好的合作伙伴是人一生的幸运。

所以，选择合作伙伴，应该注意以下原则。

（1）要选择重承诺、守信用的人做你的合作伙伴。在现代的市场经济条件下，信用、信誉是做人价值连城的无形资产。孔子曾经说过："人而无信，不知其可也。"意思是说，一个人不守信，不讲信用，是根本不可以的。

在合作的事业中，"重承诺，守信用"这6个字是对合作伙伴的道德要求，也是基本要求。如果合作的事业中混入了连这个基本道德也不具备的人，那么事业的前途实际上已毁了一半。

首先是因为合作伙伴了解企业的内部情况，包括技术秘密、营销网络、人事档案，再加上他所处的地位及由此拥有的权力，一旦居心不良，后果不堪设想。

其次是解除合作带来的危机。在合作的过程中，"狐狸的尾巴总要露出来"，无论他怎样掩饰，合作伙伴的坏品质总会暴露无遗，那么你一定不会愿意继续合作下去，也只有以散伙的方式一劳永逸地解决问题。最初合作时的理想或目标，到此时也只能是海市蜃楼般的虚幻罢了。

（2）要选择志相同、道相合的人做你的合作伙伴。首先，合作伙伴在一起合作最直接的认同就是"志"相同。"志"指的是目标和动机，从广义上讲包含了合作人的动机、目标等许多复杂的内容，可以是赚钱、扬名、实现理想，等等。其次，认同就是"道"相合。"道"就是实现"志"的方法、手段。著名企业家选人的首要标准就是志同道合，要求部下必须熟知他的领导作风，对他的管理方法能贯彻执行。选择合作伙伴时，志同道合同样重要。

合作就像一部机器，机器需要不同的零部件的配合。一个优秀的合作结构，不仅能够为合作伙伴的能力发挥创造良好的条件，还会产生彼此都不拥有的一种新的力量，使单个人的能力得到放大、强化和延伸。最成功的合作事业是由才能和背景不相同而又能相互配合的人合作创造出来的。

如果你来自乡村，而他来自城市；你受的是良好的教育，而他是靠刻苦自修；你的性格比较外向、奔放，他的性格比较内向、谦和，你们必能互相砥砺。

（3）要选择有德亦有才的人做你的合作伙伴。古代的大军事家曹操曾说过这么一句颇有争议的话：唯才是举。意思就是说只要你有才能，不管你的道德品质如何，我都会重用你、提拔你。而唯才是举在现今的任何一个行业中恐怕都是不怎么推崇的。同时代的刘备在临终时说过这样一句话："勿以恶小而为之，勿以善小而不为，惟贤惟德，能服于人。"这句话却只是强调了"德"，而没有强调"才"，也是有问题的。

德和才的内涵是什么呢？这是一个比较复杂的问题，很少有人能讲清楚。但有一点大家或许会同意：家庭主妇的才德和合作人的才德是不可同日而语的。合作人的才包括有用的和相关的知识、技术和能力，能帮助企业获利；德则包括重信守约，不见利忘义，团结合作，互谦互让等与合作的事业发展、稳定相联系的内容。

挑选合作伙伴时，必须选择德才兼备的人，必须全面衡量，万不可只顾其一而不顾其二。正像人们所说的"有德无才是庸人，有才无德是小人"。重德轻才，往往导致与庸人合作；重才轻德，往往导致与小人合作。无论是庸人还是小人，与之合作注定是要失败的，其中尤其要注意的是不可见才忘德。

总之，理想的合作伙伴不仅是一个能为你提供资金、技术、安全感或其他方面支持的人，而且更重要的是他应该是一个能让你信任、尊敬并与之同甘共苦的人，是一个与你具有共同的发展目标和价值观念的人，是一个能与你的才能、性格等方面形成互补的人。这才是你所需要的。

法国一位哲学家曾说过："如果你想树立敌人，只要处处压过他、霸占他就行了。但是，如果你想赢取朋友，你就必须让朋友超越你。"

这是什么缘故呢？当朋友优于我们、超越我们时，可以给他一种优越感；但是当我们处在压过他们，凌驾于他们之上时，就会使其产生自卑而导致妒忌与不悦。

所以，我们应该谦虚、诚恳地对待周围的一切，鼓励别人畅谈他的成就，而不要喋喋不休地自吹自擂。每个人都有相同的需求，都希望别人重视自己、关心自己。我们应少说一些，让别人得到尊重，这样对我们会有好处的。

应该给他人以说话的机会，使之能畅所欲言，充分地表达出自己的心声。

世界上没有多少人喜欢被迫购买或遵照命令行事。如果你想赢得他人的合作，就要征询他的愿望、需要及想法，让他觉得是出于自愿。

与别人建立良好的富有成效的合作关系，应该经常地进行换位思考，试着完全地使自己置身在对方的处境，这样你一定对"合作"有更深和更新的体验。如果你对自己说："如果我处在他的情况下，我会有什么感觉，有什么反应？"那你就会节省不少时间，减少不少苦恼，因为"若对原因发生兴趣，我们就不太会对结果没有兴趣"，而且，除此以外，你将会大大完善你在做人处世上的技巧。

"暂停一分钟，"肯尼斯·古地在他的著作《如何使人们变为黄金》中说，"暂停一分钟，把你自己对事情的深度兴趣，跟你对其他事情的漠不关心，互相做个比较，那么你就会明白，其他人也正是抱着这种态度。于是，跟林肯及罗斯福等人一样，你已经掌握了从事任何工作的唯一坚固基础——除了看守监狱的工作之外。也就是说，与人相处能否成功，全看你能不能以同情的心理，接受别人的特点。"

纽约州汉普斯特市的山姆·道格拉斯，过去常常说他太太花了太多的时间在整修他们家的草地、拔除杂草、施肥和剪草上。他批评她说一个星期这样做两次，而草地看起来并不比4年前他们搬来的时候更好看。他这种话当然使她大为不快，因此，每次他这样说的时候，那天晚上的和谐气氛就会被破坏无遗。

在明白了合作产生的巨大力量后，道格拉斯先生体会到他过去的做法真是太愚蠢了。他从来没有想到她整修草地的时候自有她的乐趣，以及她可能渴望别人为她的勤劳而夸奖她几句。

一天吃完晚饭以后，他太太要去剪草，并且想要他陪她一起去。他先拒绝了，但是稍后他又想了一下，还是跟她出去，帮她剪草。她显然极为高兴，两个人一同辛勤工作了一个小时，同时也愉快地谈了一个小时的话。

自那以后，他常常帮她整理草地花圃，并且赞扬她，说她把草地花圃整理得很好看，把院子中的泥土弄得好像水泥地一样平坦。结果是，两个人都更加快乐，因为他学会了从她的观点来看事物——即使所看到的事物只是杂草。

人类天性中最深切的动力是"做个重要人物的欲望"。请对方帮你一个忙，不但能使他自觉重要，也能使他赢得友谊与合作。

有一次，卡耐基乘汽车到法国内陆旅行，迷失了方向。于是，就停下老旧的福特车，向一群农人请教，到下一个市镇走哪条路。

这么一问，效果惊人。那些穿木鞋的农人，认为所有的美国人都是有钱的。那里汽车很少，这部汽车对他们来说简直是稀奇之物。美国人会坐汽车去法国旅行，必定是百万富翁了，甚至可能就是汽车大王亨利·福特的亲戚。但他们却知道一些卡耐基不知道的事情。卡耐基比他们有钱，但卡耐基却毕恭毕敬地向他们请教到下一个市镇走哪条路。这就使他们觉得自己非常重要，立刻七嘴八舌地说起来。有一个家伙为了这稀有的机会而兴奋得不得了，命令所有的人都不要讲话，他要独自享受指示方向的快乐。

出现这样好的效果也许是卡耐基所始料不及的。但我们也能从中悟出一些道理来：无论你多么尊贵、多么神圣，只要你生活在这个社会上，你就离不开别人的帮助。所以，不管什么时候，你都必须保持与人为善、与人协作的心态。

在与人合作的过程中，你必须进行周密的思考和充分而认真的准备。否则，成功率往往很低，并且会遭遇到很多障碍。

在经过几十年的奋斗后，美国最大的汽车公司——通用汽车公司和日本丰田汽车公司组织了一个联合公司，在加利福尼亚州通用的雷蒙德工厂合作生产汽车，两个竞争角逐的"冤家对头"握手言欢。

联合建厂的建议是通用汽车公司总裁劳格·史密斯提出来的。因为他看到，在竞争日益激烈的世界汽车市场上，日本汽车正以其成本低、价格廉而后来居上，"蚕食"着一直在汽车市场上占统治地位的美国的地盘。尽管通用想尽了改进汽车制作的办法，但仍难以在这场竞争中制胜。史密斯从长远着眼，提出了同日本厂商联合的建议，而"丰田"也欣然响应。因为这两家名列世界第一、三位的汽车厂家都有各自明确的意图。对于丰田，可以避开美国贸易保护主义的障碍，获取更大的利润；对于通用，则可以深入了解丰田生产管理的第一手资料，借鉴丰田的经验。如果这两个公司的老板不是这样相知利害，而是互不相让地争下去，结局也就可想而知了。中国有句古话："争者不足，让者有余"。丰田与通用的联合正是体现了这样的精神。

拿破仑·希尔认为，如果不能打败他们，就和他们结合。这是许多成功人士的竞争策略。

◆ 迎难而上，改变困境

市场风云变幻诡谲，因市场竞争和转产的需要，双灯用插座销量急剧下降。先是东京、名古屋，继而各地用户找总经销商吉田商店交涉，要求降价。吉田遭此棘手问题，立刻与松下商讨对策。松下也感到很意外，一时拿不出主意。吉田非常沮丧，对继续做总代理缺乏信心，终于向松下提出解除合约的请求。由于事情变化得太快，松下一点儿思想准备也没有，思考再三，也只能同意吉田的请求。

他这样讲："事已至此，谁也不曾想到。我同意解约。不过保证金归还的办法和时间，还请你容我考虑些日子，拿出一个主意。"吉田也同意。吉田走后，松下将自己反锁在房间里，苦苦研究对策。好不容易做到增产，工厂已粗具规模，难道能让生产设备因销售不畅而闲置吗？靠他人经销也终不是办法，还是让我自己试试吧！松下由此试探性地走上了建立自己独立销售网络的道路。

他先拜访了大阪市内的各分销商，发现分销商要求降低价格的数目，大体与吉田批发的毛利相等。也就是说，松下双灯用插座的出厂价不变，因减少了总经销这一中间环节，零售价还是可以下调的。松下挨家走访，提出由批发商批发改为厂家直供，以减少销售环节，各商家均表示可以接受。

他又马不停蹄地前往东京。这是松下第一次乘火车到东京。漫步在繁华的东京街头，第一印象是拥挤，房屋、住宅建设的拥挤，行人之间的拥挤。他总感到人们就要撞上自己了，而不像在大阪，每个行人都可以占有十几米长的空间，悠闲地漫步。第二印象是东京商家的门户之见，他们只认本地的产品，对外地的产品怀有明显的不信任。松下带上货样，以诚恳的态度耐心化解商家们的疑虑，缩短彼此之间的距离，调整产销双方的利益分配，加之松下的产品本来就很优秀，终于带回了一大沓订货单。以后，每月松下都要去一趟东京，巩固与客户的情谊和收回货款。

吉田商店签约又解约，不能仅埋怨对方不义，商场本无情。待人宽、责己严的松下并不抱怨天时，反而将此视为一个熟悉、学习营销专门知识的机会，把坏事变成了好事，在很短时间内建立起自己的销售网，自己也由原来只懂生产管理变为既懂生产又懂销售的"双料经理"。

迈向功名与荣耀的路从来就不是一条康庄大道。能笑到最后的人都具有坚忍的毅力。他们在危机四伏或四面楚歌之际，仍然能表现出"挽狂澜于既倒，扶大厦之将倾"的英雄气概。

松下幸之助的插座本来在市场上销售良好，却突遭其他厂商的降价倾销，迫使总经销在没有经销利润的情况下不再与松下合作。这对于一个刚起步的工厂来说，无异于灭顶之灾。但松下幸之助还是靠坚忍的毅力迎难而上，并将克服困难作为迈向更大发展平台的契机。

古人云：君子有恒，大事乃成。这句格言说明了坚持不懈才能成功的道理。

有一位企业家说过："顺境的美德是节制，逆境的美德是坚忍，而后一种美德是一种更为伟大的德行。"充满传奇色彩的洛克菲勒也同样经历过挫折的打击，如果他在一次失败之后决定放弃，那他就不会成为今天的"石油巨子"了。美国的史学家对他百折不挠的品质给予了很高的评价："洛克菲勒不是一个寻常的人，如果让一个普通人来承受如此尖刻、恶毒的舆论压力，他必然会相当消极，甚至崩溃瓦解，然而洛克菲勒却可以把这些外界的不利影响关在门外，依然全身心地投入他的垄断计划中，他不会因受挫而一蹶不振，在洛克菲勒的思想中不存在阻碍他实现理想的丝毫软弱。"

事业发展与壮大的道路往往不是一帆风顺的，面对挫折和困难，年轻人要以坚持不懈的精神和百折不挠的意志在困境中创造生机，在风险中抓住机遇，这样才可能成为一个真正在人生赛场上的赢家。

松下幸之助正是靠这种坚忍的毅力，在日后又克服了一个又一个的困难。如在真空管收音机流行的时候，松下公司花巨资进行技术改造，生产出相当省电的真空管，于是公司上下都以为这回要大赚一笔了。可是，由于他们忽视了科技动向和市场动向，不久，新的晶体管发明了，出现了更好的晶体管收音机。转眼之间，松下耗巨资研制的真空管成了废品，庞大的生产线搁置了。松下公司也险些一蹶不振。但松下幸之助最终还是站起来了，当然，这是后话。

松下幸之助也反复强调，企业遇到困境时，不要责备外界环境，不要怪运气不佳。他认为："做事业跟真刀实枪比武一样，不是你死，就是我亡。在拼杀中谁也没有绝对胜利的把握。……如果赔本，其原因绝不是'时'与'运'不好，而是经营方法不得当。所以，如果将经营不当的结果，看作时运不济……这根本就是错误的。"

松下幸之助一直认为，优秀的创业者必须有迎难而上的精神。他说："在被称为'动荡不定时代'的今日，的确不容易预测将来的趋势，因此经营困难当然较多。但严格说来，这种困难不仅现在才有，过去有过，将来也会每天都存在。困难越多，社会越动荡，才越能让有雄心、有志气的人觉得有意义。……没有这种雄心或志气的人，在面对逆境时会动摇、迷惘，而被时代淘汰。如果经营者如此，他所主持的公司，必然不会成功。"

松下幸之助的这段话可谓十分中肯。的确，在人生历程中，你每时每刻都会遇到困境，如果见难而退，事业就没有成功的希望。只有不畏惧困难，迎难而上的人，才不会被时代淘汰，才能从困境中重新站立起来。

今天的世界是一个千变万化的世界，每分钟都有新的情况出现，年轻人的事业也是如此。周围的人、你的工作环境、公司的经营状况、市场的竞争形势等，随时都可能出现新情况。如果你没有足够的适应力，就无法面对突如其来的事件，无法适应环境并去改变现状。那样的话，你就很有可能在突然而来的事件面前不知所措，甚至于坐失良机。

◆ 严于律己，克勤克俭

为更好地解决产品销售，而不仅是一个双灯用插座的销售问题，松下幸之助在初步确立了在东京的销售网络以后，又设立了长驻东京的营业所（也就是我们现在所说的销售分公司，或是地区分销公司），以巩固和进一步打开在关东地区的市场。松下派遣内弟井植岁男做东京营业所的营业主任（当时井植岁男不到20岁，也就是他，1950年与井植梅之的另两个弟弟创立了日本三洋电机股份有限公司），长年负责东京暨关东地区的销售业务。

井植岁男孤身一人住在东京的一所公寓里。夏天，东京气候闷热，蚊蝇很多，井植岁男买了一顶3日元的麻纱蚊帐，账单寄回了大阪。松下在看过账单之后，当着夫人的面大声斥责："少爷，简直是少爷！不是让你到东京享福的！"他写信指示井植岁男今后在东京的业务如何开展，并在信末责备说：

"以目前松下电器制作所的经济情况，你只要买一顶1日元左右的棉线蚊帐，就该知足了。"

井植岁男接信以后，对公司的一钱一物，从此倍加爱惜，锱铢必较。以后他能与兄弟创立"三洋电机"，与他姐夫松下幸之助的教诲和在经营中所受到的熏陶，应当说有很大关系。

消息传出，松下电器制作所的所有推销人员无不钦佩。松下的严格要求从自家做起，为全厂树立了榜样。以后，凡松下派出的推销人员均能"慎独"，严于律己，克勤克俭。

平心而论，井植岁男买一顶3日元的蚊帐，并"不值得"松下幸之助大动肝火。松下幸之助之所以大做文章，笔者认为他只是想借此事告诫井植岁男不要养成铺张浪费的坏习惯。

在都市年轻"负翁"满天飞的今天，通过松下幸之助的精神来和年轻人再谈俭朴似乎也有些不合时宜，与所谓的"时代主流"相违背。但年轻人应该知道：生活的节俭与奢侈，关系到一个人的人生志向。尽管现在物质生活已经很丰富，但我们依然认为节俭是成大事者的必需。

节俭，是中华传统美德。这些美德应当在年轻人的身上得以继承和发展，也应是年轻人的做事方式，是年轻人学习和借鉴的优秀品质，更是成功的习惯之一。

节俭并不需要很大的勇气就能做到，也不需要很高的智力或任何超人的德行。它只需要某些常识和抵制自私享乐的力量就行。实际上，节俭只不过是日常工作行为中的普通意识而已。它不需要坚定的决心，它只需要一点点有耐心的自我克制，只要马上行动就立即能见成效！对节俭的习惯越是持之以恒，那么节俭就越是容易，这种行为也就会更快地给自我克制带来巨大的补偿和报酬。

对那些收入丰厚的人来说，把所有收入全部花在自己一人身上，这种做法是多么自私啊！即使他有个家，若他把自己每周的收入全部花在养家糊口上而不节省一点儿钱的话，也是十足的不顾未来的行为。当你听说一个收入颇丰的人死后没有留下任何东西的时候——他只留下他的妻子和一个赤贫的家——让他们听从命运的摆布——是生是死听天由命时——你不得不认为这是天底下最自私而毫不节俭的行为。最后，这种不幸的烂摊子家庭会陷入贫穷的境地。

事实上，对于那些最穷苦的人来说，正是平日里的精打细算，无论这种行为多么微不足道，为以后他和他的家庭遭受疾病或绝望无助时提供了应急手段，而这种不幸的情形往往是在最意想不到的时候光顾他们。

相对来讲，能成为富翁的人毕竟只是少数；但绝大多数人都拥有成为富翁的能力，即勤奋、节俭、充分满足各人所需的能力。他们可以拥有充足的储蓄以应付他们年老时面临的匮乏和贫困。然而，节俭的生活，缺少的不是机遇，而是意志力。很多人也会不知疲倦地辛勤工作，但他们仍然没法避免大手大脚地花钱，过着高消费的生活。

绝大多数人宁愿享受快乐而不愿实行自我克制，他们常常把自己的收入全部花掉，不剩一个子儿。不只是普通人中有挥霍浪费的人，甚至有些把多年辛勤工作的收入在一年中就挥霍精光的故事。

金钱有时代表了许多毫无价值，或者说毫无实际用途的目的；但金钱也代表了某些极为珍贵的东西，那就是自立。从这个意义上讲，它具有伟大的道德重要性。

"不要轻率地对待金钱，"巴威尔说，"因为金钱反映出人的品格。"人类的某些最好品质就取决于是否能正确地使用金钱——比如慷慨大方、仁慈、公正、诚实和高瞻远瞩。有的人的恶劣品质也起源于对金钱的滥用——比如，贪婪、吝啬、不义、挥霍浪费和只顾眼前不顾将来的短视行为。

没有任何一个赚多少就花掉多少的人干成过大事。那些赚多少就花掉多少的人永远把自己悬挂在赤贫的边缘线上。这样的人必定是软弱无力的——受时间和环境所奴役。他们使自己总是处于贫困状态，既丧失了对别人的尊重，也丧失了自尊。这种人是不可能获得自由和自立的。挥霍而不节俭足以夺走一个人所有的坚毅精神和美德。

当人们变得明智和善于思考以后，他们就会变得深谋远虑和朴素节俭。一个毫无头脑的人就像个野人一样，把他的全部收入都花光，根本不为未来打算，不会考虑艰难时日的需要或那些得依靠他帮助的人们的呼吁。而一个明智的人则会为未来打算。

水是人们生产生活的要素之一，为了节约这一不可或缺的宝贵资源，有关部门做了一次科学调查，发现拧不紧的水龙头竟然是浪费水的一大元凶。

不少年轻人的手也像一个拧不紧的水龙头——让一笔又一笔的"小钱"在不经意中流出自己的口袋，却不知时间一长，你指缝中"流"走的小钱加起来会是一个很大的数字。

所以，你需要节省每一项不必要的开销，避免任何奢侈浪费的生活方式。一项购买交易如果是多余的，无论其价格多么低廉，它也是昂贵的。细微的开支汇聚起来可能是一笔巨大的花费！

力求每一分钱达到最高效益的人，一点一滴省下的钱绝对不无小补，日常生活中就有太多太多省钱的方法被大家忽略。下面提供几则省钱小窍门，给你添加一些省钱的灵感，积少成多，省小钱也能成就大事。

1. 自己动手洗发、染发、护发

上美发厅洗一次头至少要10元，护一次发则更贵了，如果你能养成洗、护、染发在家DIY，仅仅买材料，剩下的事自己动手，可就便宜多了。

2. 认卡不认人，借用一下又何妨

目前，有许多健身俱乐部或百货公司、会员制超市是"认卡不认人"，如果只是向朋友或同事借一下卡马上可享受消费折扣或使用免费，那么就借用一下吧！如果你觉得这么做会良心不安，就请会员朋友带你一起去。这些会员制中心通常可以携伴，非会员消费比照会员收费或酌收来宾费，如此还是比你动辄交不菲的入会费划算得多。

3. 乘出租车越少省得越多

别小看乘出租车，一天乘个两三趟，一个月下来也是一两千元。如果多走几步，改乘地铁或公交车，健身又省钱；一旦养成习惯，就能减少乘出租车的开销。

特别告诉你，现在大都市的公交车专用道顺畅得很，而且乘公交车一样有空调，速度也不比出租车慢。加上公交车网络四通八达，真的是方便极了。千万别动不动就想乘出租车，能省则省！

4. 二轮影院的电影只要10元钱

一些好片、大片等到院线片下档后，再到二轮影院去看也是省钱的好点子。只花10元钱又不用排队，内容反正都是一样，即使音效、环境稍差一点儿，但能省下许多钱，何乐而不为！

5. 非折扣期间照样享受折扣

事实上，在非折扣期间，除了贵宾有折扣之外，如果你能多多利用店家刚开张前后或节假日促销期间去消费，通常也会有额外的折扣。特别是刚换新货的时候，商家为了做成第一笔生意，适度地打折扣是可以接受的。或在正式打折扣的前一天晚上，只要和商家套套交情，也能以折扣价成交，这样不但可提早享受折扣，又不用等到正式折扣开始时去人挤人地抢购。有个朋友想买一台电视机，我建议他不妨等到节日促销时去买，结果不但省了200元，还得到一台赠送的DVD。

6. 不要挤在尖峰时间消费

在很多娱乐场所，如KTV、保龄球馆、电影院、游戏场所或部分餐饮业，只要你选择在低峰时间消费，都会有折扣。低峰时间消费，既可避开人潮，不用等候，又可省钱，真是一举数得。

7. 租借既省钱又减少藏书空间

目前有许多光碟、杂志、各型书报的租借中心，租一本当期杂志或书籍通常只要0.5元／每天，不但可节省买杂志的大笔支出，又能省掉收藏书刊的空间，况且杂志都具有时效性，本来就是看过就丢，用租的不是很划算吗!

另外，对于专业性较强的书籍，可以在图书馆借阅。各大图书馆办理借书手续的费用一般不超过100元，且除几元的工本费外，其他都会退还。

8. 免费的报纸、杂志能拿就拿

有许多杂志、报纸可以免费索取或试阅，只是很多人可能不知道去哪里索取。例如，中高档酒店或写字楼，都有处于推广期的杂志或商品目录。

免费的报纸、杂志不看多可惜，吸收新资讯不落人后的人当然要把握。

9. 远离名牌的迷思

在这个凡事讲究包装的社会中，各种商品都应用了高超的行销和广告术，为自己打造非凡的"名牌"身份。名牌值多少钱，代价是什么，喜穿戴名牌的消费者心里最清楚。花大钱买名牌值不值，见仁见智，但是请认清"名牌"和质感如何成合理正比。远离名牌迷思，可以让你更灵活运用采购预算。

如果你是真有钱，用用名牌无可厚非，但是如果为贪"虚名"打肿脸充胖子，那代价可是不低；如果你实在太爱名牌了，也请你想办法找对时间、地方买，可以用比较低的价钱买到同质感的名牌货，不是较符合经济效益吗?

10. 抢折扣要快、狠、准

是的，折扣抢买不等人，看到心动的商品立即下决心购买，但还是请屏气凝神冷静三分钟，"这件东西真的是我必需的吗?"不要买了一卡车特价的衣服回家当抹布。

很多人在抢促销拍卖的时候，常常会被低价格吸引，在特价商品前东挑西拣，结果买回家后发现都不适合，所以在买特价商品时一定要多点理性。例如，看到一件很喜欢的衣服，可是尺寸不合或颜色不喜欢，店员告诉你这件衣服没有了，只剩最后一件，不买马上就会被别人买走，此时千万别相信，换下一家有该品牌专柜的百货公司，保证可以找到合尺寸的同款商品；或是抄下服饰公司的电话，打电话去咨询，绝对能买到你要的衣服。

所以，即使特卖期间的特价品价格十分吸引人，还是要记得多试穿、多比较和多检查。

第三章　成功就要永远比别人抢先一步

比别人先一步思考、创新和构想，才能享受最后胜利的快乐。

——松下幸之助

◆ 眼光如炬，抓住机会

1929年10月，美国纽约股票交易所突然被股票抛售狂潮吞没，股价暴跌，一天之内有1300万股票转手。这场空前严重的经济崩溃的前10年，曾是美国经济极其繁荣的时代。人民生活有所改善，但工资的提升，按比例远远赶不上工商业利润的增长，人民消费能力下降，不断增多的商品大量积压。随着时间的推移，生产和销售的矛盾冲突终于如蓄积已久的火山一般爆发了。

全球性经济危机从美国开始，迅速席卷了整个资本主义世界。这次经济危机的破坏性极强，整个资本主义世界的工业生产减少了1/3以上，国际贸易削减了2/3。危机延续的时间也很久，从1929年一直拖到1933年。

这场世界性的经济危机很快波及了日本。日本由于国土资源匮乏，国内市场狭窄，特别依赖出口，故所受打击尤其沉重。1929—1931年，日本的工业总产值减少了32.5%，农业生产总值减少了40%，贸易出口额下降了一半多，大批企业倒闭、破产，侥幸支撑的工厂企业只能减少工资、解雇工人。松下电器也受到了经济萧条的打击，产品销路急剧下降，企业开始进入困境。

在经济萧条的大环境下，松下幸之助一面苦苦支撑，一面密切地关注着形势的发展。对他来说，经济萧条既是一场危机，也是一个机会——他认为只要熬过这场危机，并且先人一步地抓住经济复苏的机会，就会令松下电器脱颖而出。

1932年5月15日，犬养毅首相被暗杀，日本社会政治向右急转。事件发生以后组成的齐藤内阁，在议会中提出"统制通货膨胀"的政策及向民间低利贷款等一系列经济建设计划。当时，美国已从长期的经济萧条中走出，在整个国际大环境的影响下，日本的经济也开始复苏。

松下幸之助看准并抓住了这个机会，指示所有工厂尽量全速开工生产。同时他也感觉到：松下电器的设备和场地已达到极限，松下电器必须增加设备、场地和招募新的员工，否则难以继续发展。当时，大阪市内大街已再无潜力可挖，松下把眼光转向了郊区，决心在大阪市郊的门真街购进16500平方米的土地建设总厂，同时将公司的总管理处迁至新址。他迅速下达指示，让公司企划部门做出规划和预算。营建工程仍由营建二厂、三厂的中川营造厂设计施工。

松下幸之助以独到的眼光捕捉到经济复苏的机会，并迅速扩大了厂房，加大了生产，从而抓住了经济复苏的机会。

一个机遇如巨浪般翻滚而来，有人乘浪头扶摇直上，有人仍停留在波浪的谷底。随着机遇的翻滚，人与人之间财富的多寡、身份的高低，在不断发生变化。机遇每来一次，社会的面貌就改变一次。

机遇影响一个人的升沉起伏，同时也在重新划分人与人之间高低上下的地位。

个人的成功当然得靠当事人长期努力的奋斗，侥幸成功的事例毕竟不多。因此，我们不宜过分夸大机遇的重要性。另一方面，社会面貌的变化，是政治、经济、社会各种变化交互作用的结果，有着甚为复杂的因素。

这种种变化，不正好制造了一个又一个机遇吗？然而，掌握机会与错过机会，两者之间却有着天渊之别。

不是吗？在众多创业者中，谁没做好努力奋斗的心理准备呢？可就是有人会成功致富，有人却黯然退出，其间的原因可能大不相同，但客观环境是否提供有利的机遇，创业者有没有及时捕获机遇并加以充分利用，就成为决定成败或成就高低的关键。

此外，如果社会按照"辛勤者胜"的规律运行，社会的面貌就单纯得多。但事实却偏偏是：辛勤者中有着成败之分，在成功的辛勤者中间，成就亦有高低的差别；还有一些表面上并不怎么辛勤的人，却"成功致富"。正因为这些差异的出现，社会面貌才呈现多姿多彩的变化。而促成社会面貌变化的一个重要因素，正是机会。因此，有人曾这样说过："机会是上帝的别名。"

那些拥有强项的善于寻找出路的人不会等待机会的到来，而是寻找并抓住机会，把握机会，利用机会，让机会成为服务于人的奴仆。换句话说，任何机会都可以是你手中的"金钥匙"。

软弱的人和犹豫不决的人总借口说没有机会，他们总是喊：机会！请给我机会！其实，每个人生活中的每时每刻都充满了机会。你在学校里的每一堂课是一次机会；每一次考试也是一次机会；每一个病人对于医生都是一个机会；每一篇发表在报纸上的报道是一次机会；每一个客户是一个机会；每一次商业买卖也是一次机会，是一次展示你的优雅与礼貌、果断与勇气的机会，是一次表现你诚实品质的机会，也是一次交朋友的好机会；每一次对你自信心的考验都是一次机会。

在这个世界上生存本身就意味着上帝赋予了你奋斗进取的特权，要利用这个机会，充分施展自己的才华，去追求成功。那么，这个机会所能给予你的东西要远远超越它本身。

只有懒惰的人才总抱怨自己没有机会，抱怨自己没有时间；而勤劳的人永远在孜孜不倦地工作着、努力着。有头脑的人能从琐碎的小事中寻找出机会，而粗心大意的人却轻易地让机会从眼前飞走。有的人在其有生之年处处去寻找机会。他们就像辛勤的蜜蜂一样，从每一朵花中汲取琼浆。对于有心人而言，每一个他们遇到的人，每一天生活的场景，都是一个机会，都会在他们的知识宝库里增添一些有用的知识，都会给他们的个人能力注入新的能量。

有一句格言说得好："幸运女神会光顾世界上的每一个人。但如果她发现这个人并没有准备好要迎接她时，她就会从大门里走进来，然后从窗子里飞出去。"

"幸运之神在向这位年轻的外科医生招手，机会正向他走来。"有一本小说是这样描写一个实习医生的，"在经过长期的准备与等待后，这位潜心于学习和实验的年轻人突然间被拉到了手术台前，这是他必须面对的第一个关键手术。原先那位技艺高超的医师不在此地，而时间异常地紧迫，不容他多想。病人正在生与死的鸿沟前挣扎徘徊。他有能力独自处理这次紧急手术吗？他能取代那位医术高明的医师并继续他的工作吗？如果他能够做到这一点，那么他就是人们要找的医生。机会就降临在他面前，他与机会就这么面对面地站着。他是要承认自己的无知无能呢，还是要踏入名誉与财富的殿堂？答案就握在他自己的手中。"

只要你善于观察，你的周围到处都存在机会；只要你善于倾听，你总会听到那些渴求帮助的人越来越弱的呼声；只要你有一颗仁爱之心，你就不会仅仅为了私人利益而工作；只要你肯伸出自己的手，永远都会有高尚的事业等待你去开创。

出生在这样一个知识与机遇前所未有的时代，出生在这样一块充满机会的土地上，你怎么能够悠然地抱着胳膊，连声向上天索取那些已经给予你的所有必要的才能与力量呢？

想一想，尘世间有无数的工作在等着人们去做；而人类的本质是那么的特殊，哪怕是一句欢快的话语或是些许的帮助，都会有助于别人力挽狂澜，或是为他们的成功扫清道路；每个人的体内都包含了诚实的品质、热切的愿望和坚忍的品格，这些都让人们有成就自己的可能；人们的前面还有无数伟人的足迹在引导着、激励着人们不断前行；而且，每一个新的时刻都会给人们带来许多未知的机遇。

不要等待机会出现，而是要想尽办法创造机会——就像那个牧羊的孩子用一串串的珠子来计算天上的星星一样为自己创造机会，就像乔治·史蒂芬森在肮脏的煤矿马车旁用粉笔来算数学定律一样去创造机会，就像拿破仑在近百种不可能的情况下为自己创造出了成功一样去创造机会。要像战争或和平时期所有的伟大领导者一样，去创造非常的机遇，直至达到成功。对懒惰者而言，即使千载难逢的机遇也毫无用处，而勤奋者却能将最平凡的机会变为千载难逢的机遇。

◆ 要有品牌意识

在一次大会上，松下幸之助针对员工对产品质量的忽视提出了严厉尖锐的批评。他说："我们的目的是要让民众一听到'松下电器'就产生信任感，也只有这样，我们松下电器才能做到永续经营。因此，对质量上的任何细节都要严格要求。"

松下幸之助对"松下电器"的质量那种近乎严苛要求，依现在的话来说是一种"品牌意识"。"品牌"这个词是在这些年随着经济的发展而流行起来的，主要是针对商品而言的。一样的商品，挂上不同的品牌，身价即有所不同。而一旦建立了"品牌"，商品的价值就水涨船高；如果品牌不好，做再大的宣传也帮助不大。这就是为什么一些企业不惜代价创立品牌、发展品牌的道理。

其实，人也有"品牌"。例如，一谈到某位有名之人，我们就会联想到一系列与之相关的事情。在日常生活中，相信你也听过某某人"很好"，某某人"很坏"的评语，这就是人的品牌！众人的评语好，说明你给人的印象好，表示你的"品牌"好；反之则是"品牌"不好。

这里我们暂且不谈公众人物，就谈一般的人吧。

基本上每个人都会有对他人的刻板印象和个人好恶。例如，认为"矮人多心计"，这就是一种对人的刻板印象，因为事实上多心计的人中大块头也不少。喜欢留长发和特别文静的女孩，不喜欢与活泼开朗的女孩交朋友，这就是个人的好恶。刻板印象和个人好恶会影响一个人对他人的评价。但我们每个人仍应在这两个因素之外，努力创造自己的"品牌"，尤其是希望为自己树立正面印象的"品牌"。

那么年轻人应该如何创造自己的品牌呢？下面有两个建议。

第一个建议是不要使你的"品牌"变坏。简单地说，就是不要使人对你做出不好的评语，例如说你懒惰、喜欢投机、邪门、不忠、寡情、好斗、阴险……一旦他人对你做出一项或多项这样的评语，那么他人对你的信赖程度必定降低，虽然你事实上并不是那样的人，而在关键时刻，这些评语很有可能对你造成伤害。这种品牌印象要想改变不太容易，就像我们买东西上了当，以后就不会信任那个品牌一样。而这些印象也常在无意间造成，人们也常常以"一次印象"来评论你这个人，因此待人做事必须特别小心，有时一点儿瑕疵，便一辈子也洗刷不清。商品可以换品牌，重新包装，人可不太容易。不过由于刻板印象和个人好恶，可能有一些人特别不欣赏你，并且经常挑你的缺点，有一两个这种人不足挂齿，但如果很多人都对你这样，问题恐怕就不小了。

第二个建议是积极强化你的品牌。也就是通过各种方法，去塑造你在别人心目中的印象，就像商品做广告那样。人的品牌广告有很多种做法，特意制造一些事件使自己成为新闻或同行的谈话资料是一种方法，但这不太容易，要做也得花不少心思，如果"操作"得不好更会弄巧成拙，因此不鼓励这么做。倒是有一些做法可以达到同样的效果，也就是发挥长处，避免拿出短处！长处有目共睹，别人就不会太在乎你无伤大雅的短处，例如，你工作能力很强，但就是有些自私，有些人也许就欣赏工作能力，而不在乎你的自私，好比欣赏家电耐用品质好，但不在乎耗电。于是，"工作能力强"便成为你的品牌。

其实，人的品牌就和商品的品牌一样，商品只要不偷工减料，价格实在，就能争取一定的消费者，最后建立相当程度的品牌效应。做人又何尝不是如此呢！

◆ 要善于推销自己

在1930年10月2日的《大阪朝日新闻》上，刊载了一篇与众不同的文章，题目是《国际牌电暖炉介绍》。全文600多字，作者是一个名叫松下幸之助的制造商。全文如下：

国际牌电暖炉介绍——

最近家庭电气化发展迅速，用品普及的同时提高了电气与产品的品质，需求量在两三年内已增加了数倍，但价格却平均下降了30%左右。可见电气化产品发展至今，其价格与品质，都已达到大众化程度了。

敝公司自1918年创业以来，专业制造、经营电气器具，为电气工业的发展，贡献了一分力量。我们排斥粗制滥造的作风，精选材料，大量生产优良产品，借以降低价格，服务顾客，承蒙各界各行的赏识，把我们视为优秀厂商之一。

尤其自去年推出国际牌电暖炉以来，因产品本身的"自动温度调节器"的精密优良设计，各部件构造的完全配合以及清新优美的外观，推出以来，颇受各界注目。第一批试销品3万台，随即被抢购一空，深获使用者的爱护与赞赏。

为响应各界的需求，本年度的10万台产销计划已完成，并已在全国同时公开推出。改良的自动温度调节器，双重装置保护，可避免撞击、摔碰或踢倒所引起的危险，保证绝对使用安全。加上暖气强弱可自由调整及温度自动控制装置等，100%的使用效率，保您称心如意。在有关本产品的优良品质方面，与去年一样，今年度也承大阪电力局赐购采用，亦证明了本制品的优异性，敬请垂察。

现在天气逐渐转凉，为享受家庭电气化的实际便利与舒适，敬请各界采用安全又优良的国际牌电暖炉。

谨兹介绍，并请祺安

松下电器公司松下幸之助

松下幸之助用广告大声地替自己的产品吆喝的举动，迅速成为街头巷尾的话题，使"国际牌"电暖炉的销售额超过了计划额的一倍，不仅在企业界引起了不小的震动，也使报业获得生机。

你有没有发现，现在电视广告时间越拉越长，广告片越做越精致，广告投入越来越吓人。商家不惜血本来抢夺人们的眼球，目的很明确：让人们认识它，记住它，购买它。在竞争同样激烈的职场，你作为一件"商品"，要做的事情和做广告是完全一样的。

尽快忘掉那些莫名其妙的老话吧！什么"酒香不怕巷子深"，什么"是金子总会发光"等等，这些用来安慰失意者的止痛剂，居然被很多年轻人当作了滋补品。他们在阿Q精神的抚慰下，完全忘记了自己身处人生的角斗场。这样做只能使自己被遗忘、被抛弃。

那些获得成功的人，从来就不会停止对自己的宣传，他们的目的很明确：被认识、被记住、被"购买"。他们的信仰是"酒香还靠吆喝着卖""是金子就赶快去发光"。很难说他们的"才能"一定比你更强，但会吆喝的一定比不会吆喝的更容易被人注意。演员、歌手、律师、经理……有谁能够例外呢？

除了不愿意吆喝，更多人是因为不懂得怎样去推销自己，因为大多数中国人从小就知道做人最好谦虚一点儿、含蓄一点儿，要"君子敏于行而讷于言"，推销自己是被大家所不屑的。虽然人人都知道毛遂自荐的典故，但又都只停留在口头上。大家更喜欢像诸葛亮那样被三顾茅庐，觉得只有那样才有脸面。

可是，细心的人已经发现，今天他们要面对的挑战，已经开始从"生产自己"向"销售自己"转移。你需要走出去、带点微笑、张开嘴巴，勇敢而真诚地告诉别人你是谁，能为他们带来什么，为什么你能，你想得到什么。事情就这么简单：很多人不愿开口，而你开了口，你就成功了。

别太在乎你的面子和架子，否则就不会有人在乎你是谁。想要证明你自己，最好先让别人认识你、记住你。有谁会去购买他们不知道的商品呢？

如果连自己都不愿意大声吆喝自己，谁又会在乎你是谁呢？

树各有高低，人各有长短。就拿广大年轻人最熟悉的职场来说吧。领导欣赏的是下属的优点和长处，而不会是缺点和短处。不少人的确能说会道或埋头苦干，但领导却认为他们并不怎么样，原因就在于这些人不善于表现，不会正确表现自己，没有掌握表现的学问。

孙威是元太祖手下很有能力又会表现自己的大臣。孙威擅长造铠甲，为了引起元太祖的重视，他把自己制造的蹄筋翎根铠甲献上去；元太祖铁木真亲自射击这套铠甲，竟然没有穿透。太祖非常高兴，赐予孙威蒙古名也可兀兰，让他佩有金符，授予他顺天、安平、怀都、河南、平阳诸路工匠"总管"的官职。孙威随元太祖攻打邠、乾等地，表现得都很勇敢，总是英勇奋战，一马当先。太祖爱将心切，看在眼里，喜在心里，慰劳孙威说："你即使不爱惜自己的身体，难道也不为我的铠甲头盔考虑吗？"并向手下穿着孙威制造的铠甲头盔的人问道："你们知道我最爱的是什么吗？"将军们的回答都不能使他满意。元太祖最后说："能够保护你们为我杀敌立功的，不就是孙威制造的铠甲吗？"为表示对孙威的喜爱，元太祖把自己的锦袍赏赐给了他。

善于表现自己的优点和长处，既显示出自己的专长，又体现出自己的处事能力和聪明，哪个领导不喜欢既能干事儿，又会"来事儿"的下属呢？孙威就以自己的一技之长，加上自己的勇敢赢得了元太祖的赏识。如果他仅仅会制造铠甲，懂得造甲技术，而不自荐给元太祖，那么他所造铠甲的作用就可能不被人们认识，其应用也得不到推广，孙威也只能做个默默无闻的人。可见，善于表现至关重要。因此，年轻人在职场中善于表现自己要把握好以下几点技巧。

1.适度渲染

担当琐碎的工作时，你不必把成绩向任何人都显示，那样会给人一个平庸的印象。当你有机会承担一些比较重要的任务时，不妨把成绩有意无意地显示，增加你在公司的知名度。这非常重要，因为领导是否会注意你，往往是由于你在公司的知名度如何。掩藏小的成绩，渲染较大的成绩，可起到名利双收的效果。

2.敢于接受新任务

当领导提出一项计划时，你可以毛遂自荐，请他让你试一试。当然，你必须掂量掂量自己，以免被领导认为你自不量力。

3.不断创新

让领导了解你是一个对工作十分投入的人，不仅这样，你还要尝试不同的方法增加工作效率，使领导对你形成深刻的印象。一个灵活的、不死板的人总是会引人注意的。

4.不要过分谦虚

领导未必喜欢过分谦虚的下属。有时候，太过谦虚反而会给人虚假的感觉，就像人们常说的那样："过分的谦虚等于骄傲。"例如，当你带领下属完成一件艰巨的任务而向领导汇报时，一定要把自己的作用放在醒目的位置上，不要以为心有谦厚之道，以美德取胜，领导就会喜欢，这是书呆子的想法。你自己不说，别人也不会提，这样领导可能永远不知道你做了些什么。

5.适当的逆反

古人云："将在外，君命有所不受。"

应付庸碌的领导，通常是无可选择地要采取绝对服从的态度。但是，并不是所有的领导都喜欢这样，特别是那些精明强干的领导，会对那些有不同看法但会为公司利益着想的下属多加注意。

6.保持最佳状态

别以为通宵赶工，一副疲惫的样子，会博得领导的赞赏和喜悦。在他心中很可能会说"这年轻人体力不济"，"有更严峻的任务能胜任吗"等等，对你的精神和体力表示怀疑。因此，千万不要让领导对你产生同情之心，因为只有弱者才让人同情。如果领导同情你，已经表明他对你的能力产生怀疑。无论在什么时候，在领导面前都要保持一贯良好的精神状态，这样他就会放心，不断地把更重要的任务交给你。

7.在公共场合表现自己的水平和能力，让大家心服口服

在公共场合显露英雄本色，是为了创造一种可比较的局面。"不怕不识货，就怕货比货"，是骡子是马拉出来遛遛就清楚了。领导平时赏识某个下属，但又怕众人不服气，只有把别人"比"下去，让人心服口服，领导才感到踏实。所以，争气的下属应该体会到领导的信赖和赏识。李续宾作为曾国藩的心腹爱将，就善于表现自己，给曾国藩争面子，既保住了自己被赏识和重用的地位，又平息了其他将领心中的不服和妒意。

◆ 开发思考能力的7种方法

1933年7月，松下电器制造厂在大阪门真街的总厂提前竣工。8月，总管理处由大开街迁入新办公楼办公。10月，全部机器设备安装、调试完毕，同时员工招募和培训工作也在紧张进行之中。

拟议招收新员工之后的松下电器制造厂，将达到近500人之众，一如从前的管理显然又不适应了，松下又在考虑新的管理模式。松下幸之助认为，管理一家企业要比建设他的厂房、办公楼要复杂、艰难得多。建设厂房，是对钱、对物；而管理则是对人，让几百名员工同心协力，使他们充分发挥各自的潜能又能协调配合形成合力，去实现既定的总

目标。

松下考虑的不是按员工比例扩大管理人员数量，而是考虑改革现有的管理概念和管理模式。在新建的办公大楼里，他思索了几天，设计了一个又一个方案，又被他一个一个地推翻。他想换个地方继续他的研究、思考，于是就去了京都真真庵。

绿荫掩映下的真真庵小神社是模仿伊势神宫的样式建造的。松下对真真庵常捐助钱款，修葺颓倒的后殿，疏浚流入庙内的河流。慧普方丈对他的善行时有首肯，松下在清净身心之余也常与方丈讨论一些教理和人生。为了方便松下调心养性、思考问题，慧普方丈还吩咐寺内的小和尚专为松下打扫出一间小小的禅室。这间禅室在真真庵的后院，到寺里上香或游览的普通人是不到后面去的。

松下幸之助先是在斗室中徘徊，待完全静下来之后，才静坐在蒲团上，合上了眼睛。此时已没有机器的隆隆声和市内电车行驶时的叮当声。

在真真庵，松下将几天的关于管理体制的思索，条分缕析，最后形成了完整而可行的"事业部制"，实际上是施行分权的管理体制。

松下独立思考得出的这种分权管理方式，使松下电器的经营吸收小企业独有灵活性的长处。其特点有二：每一个部门的部长是独立的负责者，由他全权负责本部门产品的制造和销售；每一个部门采取独立核算，绝不允许以某部门的盈利来弥补另一部门的亏损，也就是废止从前各部门相互间的盈亏之抵补办法。各部门要负起责任凭自己的努力营业利润，并以此利润贡献于公司的成长和壮大。

分权管理的方式，为松下电器带来了巨大的经济效益，后来成为日本所有大公司争相效仿的一种管理"圣经"。最早完成原子核裂变实验的英国著名物理学家卢瑟福，有一天晚上走进实验室，当时已经很晚了，看见他的一个学生仍俯在工作台上，便问道："这么晚了，你还在干什么呢？"

学生回答说："我在工作。"

"那你白天干什么呢？"

"我也工作。"

"那么你早上也在工作吗？"

"是的，教授，早上我也工作。"

听过此话，卢瑟福用责备的语气提出了一个问题："那么这样一来，你用什么时间思考呢？"

拉开历史的帷幕就会发现，古今中外凡是有重大成就的人，在其奋力攀登事业高峰的征途中，都会给思考留有一定的时间。据说爱因斯坦狭义相对论的建立是经过了"10年的沉思"。他说："学习知识要善于思考、思考、再思考，我就是靠这个学习方法成为科学家的。"

达尔文说："我耐心地回想或思考任何悬而未决的问题，甚至连续数年亦在所不惜。"

牛顿说："思索，连续不断地思索以待天明。如果说我对世界有些微小贡献的话，那不是由于别的，只是由于我的辛勤而且持久的思索所致。"他还说："我的成功应当归功于殚精竭虑的思索。"

这些至理名言，都道出一个深刻的道理：勤思考是一个人成功的最重要、最基本的心理品质。松下幸之助作为商业天才，一直保持着勤于思考的习惯。年轻人在社会上行走，也要培养自己勤于思考、刻苦钻研的良好习惯，千万不要人云亦云，读死书，死读书。

以下介绍几种开发思考能力的方法。

1.清理思想

在找到一种有效的解决办法、一条新途径或一种新理论之前，首先要抛开大脑里原先存在的旧有想法，尽可能地收集代表新思维的资料。

没有这些资料，就会没有智力助燃剂来点燃你的思维过程。那些原先存在的旧有想法会阻碍你发现重要的新思路及其相互关系。

2.警觉训练

拒绝合乎常规的普通想法。很多时候我们发现眼前就有一种解决问题的办法，似乎"得来全不费工夫"。但我们应该拒绝这类办法，因为它过于平常。要学会对现有的解释提出疑问，因为在很多情况下合乎常规的寻常想法往往是没有出路的。

3.加深理解

只有理解了的东西，才有可能对它有所了解。只有当我们能用自己的话对事物做出解释时，实际上才算理解了该事物。当我们努力对一个情境或一个难题做出解释时，我们就启动了思考过程，加快了大脑的运转。

4."喂饱"思想

对现有资料进行分类，并要学会新的分析方法，提出我们自己的看法，这有助于我们发现资料之间的联系，对资料的价值进行归纳。

对资料一定要先进行分析再归纳。通过归纳，我们就可以不断地想出新的观点和解决办法。重要的不在于我们的分析归纳是否正确，而是分析归纳的过程有助于启发我们的思想。

5.培养兴趣

理解只有从不理解而来。思维的关键在于找出我们一时还不理解的事理，找出解决问题的方法，就好像小学生对知识充满了学习的兴趣似的。

6.激发创意

真正的智慧是学以致用。应用以前所学的知识、经验，已经了解的事物，即使彼此毫不相关的事物，也可能激发你的灵感和顿悟。

"胡思乱想""做白日梦"，我们的大脑常常会在这些"出轨"的时候，冒出一些很新颖的念头，甚至找出解决问题的关键。漫无边际地想来想去其实也是一种思考，它的背后往往是潜意识在发挥作用，把我们引向正在寻求的答案。

7.减少干扰

松下幸之助在思考重大问题时，喜欢去一些清静的寺庙。我国近代有名的军事家曾国藩在思考重大问题时，也常常是把自己关在一个房子里，严禁任何人打扰。了解事情应该多听多问，而真正决策前的思考，最好是自己在无干扰的情况下进行。

◆ 看清时势，迎合潮流

松下电器总厂刚一落成，松下幸之助就把"开发小电机，满足社会需求"的提案摆到议事日程上来。

当时企业界普遍认为，制造小电机是电机产业的经营范围，而不是电器产业力所能及的事。加之电机的制造技术复杂，已经有奥村、北川两家著名的电机公司，因开发小电机而导致财务危机，先后宣告破产。在大阪，没有一家电机制造商再敢冒这个风险。

但松下幸之助却固执地认为，家家户户普及各种家用电器的时代已经到来，每家的家用电器使用10台小电机的日子为期不远。当然，他的固执并非盲目的，他从美国的专业刊物上看到，美国普通家庭普遍拥有需要小电机的电器，如电风扇、换气机、洗衣机、干燥机、冰柜、冷气机、吸尘器、吹风机、绞肉机、除草机等，用量大的，一户还不止一台。另外，一些特殊职业或有特别爱好的家庭，都会拥有相应的小型电动工具。松下相信：美国的今天，就是日本的明天。

想干一番事业就必须看清时势，合乎潮流。所谓时势，即时代的发展趋势；所谓潮流，就是一定历史阶段的生产力与生产关系之间、经济基础与上层建筑之间运动的总方向，是社会的经济、政治、文化运动变化的总趋向。看清时势，迎合潮流，就是要求一个人对事业的决策高瞻远瞩。高瞻远瞩既需要决策者有远大的眼光，又需要细致的分析——既要登高远眺，分析问题，又要寻找反差。

1.登高远眺

不登高，无以远眺。无远虑，必有近忧。任何决策必须有长期的、可持续发展的前提。

登高远眺，就是立足于时代的高度，着眼于长远的未来，预见和把握时代的趋势。例如，当今世界发展的趋势，世界经济、政治矛盾多极化的趋势，区域经济一体化和企业跨国化的趋势，知识产权保护的国际化趋势，高科技产品将长期领先的趋势，等等。

把握了这些趋势，我们年轻人根据志向选择发展才有方向，才能主动。

登高远眺，登高是前提，不登高则无以远眺。

登高，就是摆脱一人、一事、一家的狭隘眼界，超越就事论事的层次，放眼世界，跟上潮流。

2.分析问题

问题分析法，是认识事物的基本方法之一。认识主观或客观世界，把握时势常常离不开分析问题。但这种分析，不是分析某个事件、某个事物，而是分析事物之所以存在的、总体的根本矛盾。

事物发展的趋势不同，分析问题的角度和方法也各不相同。例如，人们过去向往城市的生活，羡慕工业化的生产，甚至在诗人的创作里，也是用"大楼林立，烟囱高耸"等来形容现代化。然而，当这种"现代化"真的来到时，人们才认识到城市化的危害。

但无论如何，鸟瞰总体，着眼根本，都是这种问题分析法的内在要求。

问题分析需要广博的知识，丰富的信息，更需要高超的抽象思维能力，而这些正是当今年轻人需要的。

3.寻找反差

世界的总趋势就是世界的本质、主流；这种本质或主流产生于各国家、各民族的现实生活中。但这并不意味着各个国家和民族的每个历史阶段的各种活动，都与这种本质和主流一致、同步或吻合。事实上，每个国家和民族都与世界的总趋势存在着某些方面、某种程度的差距，形成了这样那样的反差。寻找这种反差，是具体地进行顺应时势的长远谋略的契机和入口。

寻找反差，应从三个角度入手：

（1）从空间上，寻找不同的国家、民族、地域的反差，包括经济政治的反差、科学技术的反差、文化氛围的反差。

寻找这些反差，是一个企业制定长远战略决策的前提。

（2）从时间上，寻找先进与落后之间的反差，即国民经济、科学技术、国民教育的某些方面，先进的先进多少年，落后的落后多少年，是10年、20年还是半个世纪、几个世纪，以此来决定自己的发展战略。一般说来，落后的时间越长，差距越大，越不宜走前人的老路，不宜跟在别人的屁股后面亦步亦趋，而要大胆突破超前发展。

当今世界，随着交通、通信、广播事业的发展，信息产业的发达，欠发达国家和地区将有越来越多的机会突破发达国家的科技封锁和信息封锁，从而较多地获得超前发展的机遇。

（3）在同一系统内部，寻找不同要素、不同方面之间的反差。

空间上、时间上以及系统内部的反差，是客观存在的，而且往往是相互交融的，如果一个人在求发展的过程中找到了这种反差，就有可能主动地长远谋划，主动地把握机遇。

◆ "制造人才"的7个原则

松下幸之助将研制小电机的任务交给了中尾哲二郎，研制经费为5万日元。研究部实现了课题制，中尾把任务又交给刚从高等工专毕业的佐藤千夫，但佐藤的专业是机械，只学过一点儿电机理论。

一天，松下把中尾请进写字间，问："你是干什么的？"中尾回答："研究开发新产品的。"松下说："你是研究部部长，你的研究部才是研究开发新产品的。"

松下又问："松下电器是制造什么的？"中尾回答："制造电器，现在还准备制造电机。"松下说："不对，松下电器是制造人才的，特别是你这个部门，首先是制造人才。"

接着松下对中尾说："你是我最器重的研究人才。可是，你的管理才能我实在不敢恭维。公司的规模已经相当大了，研究课题日益增多，即使一天当48小时用，也是完成不了的。作为研究部长，你最主要的职责就是制造10个、100个甚至更多个擅长研究的中尾哲二郎！我想，你一定会做得比我预期的更好。"

这时，中尾才明白光自己会研究没用，自己的主要任务也不是这个，自己要做的是培养出更多的擅长开发产品的技术人才。

中尾回到实验室，见佐藤站在拆卸的电机旁发愣。中尾问："你为什么不动手？"佐藤回答："你不在，我就不敢贸然动手。"中尾说：

"可你是课题组组长，本来就应该动手！你是我器重的研究人才，放手去干吧。"

不久，公司来了一名毕业于京都大学电机系的见习职员桂田德胜。中尾立即派桂田做了佐藤的助手。

佐藤、桂田两人，把市面上能买到的所有优质的小型电机都买来研究，并且以此为蓝本，着手设计新产品。

中尾却在这个时候进行了干预。中尾说："模仿优质电机，未必就能造出优质电机。俗话说，失败是成功之母。多看看劣质电机，找出它们之所以劣质的原因也许大有裨益。"

佐藤、桂田恍然大悟：到底是部长，我们怎么就没想到呢？解剖次品的电机，就可找到次品的原因：是什么原因使它设计不合理，是材料使用不当，还是制造工艺粗糙呢。这样，我们在设计研制中，就可做到胸有成竹，少走弯路。

经过一年多的反复试验，新型的小电机终于在1934年11月推出，正式命名为"松下开放型三相诱导电动机"。大部分样机交付用户试用后，一致评价是：与日本最著名的三菱电机相比，丝毫也不逊色。

电机交第一事业部后立即投入大批量生产。松下电机品优价廉，很快就在市场上打开局面。

因制造小电机而导致破产的北川公司老板北川君，对松下插足电机行业而成功甚为吃惊。他见到松下时说："松下先生，你的公司一贯是制造电器的，却能制造出这么好的电机，真是了不起。不过，我想冒昧地问一句，你是从哪里挖来这么优秀的电机专家的呢？"

松下得意地说："是我们自己制造的。"

尽管北川反复揣摩这句话，仍是不得其解。

北川当然不能理解松下幸之助的话。松下电器制造电器的成功，实际是松下电器制造人才的成功。

日本商业界有句行话："人赚钱，赚小钱；钱赚钱，赚大钱。"松下不落俗套，提出"精神物化"之说，也就是说精神可以转化为物质，物质成为利润。松下没有学过哲学，这一简单的"物化理论"，却闪烁着朴素的唯物辩证法光辉。

现在几乎所有的企业都已经认识到培养人才对企业发展的重要性，但是能真正成功贯彻这一思想的并不多。松下电器在这方面是成功的。那么松下为什么能获得成功呢？你只要了解松下电器育才的钥匙，就不难找到答案。

1.强烈感受到培育人才的重要性

松下幸之助比任何人都强烈地感受到培育人才的重要性。早在创业初期，松下幸之助就认识到："拥有优秀的人才，事业就能繁荣；反之就会衰败。"今日，从松下电器的各家工厂，随处可见这样的广告牌："造物先造就人才。"

松下幸之助不断地教导人事部门的主管及各部门负责人："不管多忙，人才培育绝对优先。"这些观念，现已成为松下电器公司人才培养的基本方针。松下电器之所以能够在培育人才方面比别的公司成功，最大的原因在于，创业者松下幸之助对于人才培育的重要性的认识，比其他任何一个经营者要来得强烈，并且比谁都热心地教导员工。

2.尊重人的基本精神

松下幸之助尊重人的精神，充分体现在一贯的人事政策上。最能反映松下的人道主义精神的事例，是在经济萧条时从不因此而裁减员工，而是与公司员工一道同甘共苦、勇渡难关。这跟其他公司的做法截然不同。在那些公司里，为了克服困难，往往在不景气时大幅裁员。松下认为，这种方法无法培育出热爱公司并将自己的命运与公司连为一体的人才。

3.明确指示经营理念和使命感

松下明确地提出经营理念和公司的使命，是在1932年的创业纪念日上发表的演讲中。他向与会代表提出了一个史无前例的宏伟计划，号召全体员工为消灭社会贫困而努力工作。松下说："从此以后，事业发展的快速，实在令我们吃惊。今天能够成功地培育人才，完全是因为当初明确地指示了公司的经营理念和使命感的缘故。"

关于这一点，曾任公司会长的高桥荒太郎深有体会。他说："我曾经在朝日电池厂工作多年，进入松下电器公司后，最使我激动的就是得到如此明确的经营理念的指导。"

4.彻底教育员工企业必须获利

松下幸之助认为："公司如果没有利润，就是一种犯罪的行为。我们从社会中取得天下的资本，集天下的人才，用天下的资源，如果再没有任何成果展现，不但愧对社会，社会也不会原谅你的。"所以，松下电器公司对利润是非常重视的。不管是事业部，还是连锁店，拿不出相当营利成绩的经营者或干部，都会被断定是没有资格担当这个职位的人。确保盈利，不仅是事业部部长的应尽职责，也是每个公司员工的责任。

5.致力于改善劳动条件和福利

人不能光靠面包而活着，但同理，人又不能没有面包而生存。松下深明此理，他在强调经营理念和使命感的同时，不断致力于改善公司员工的劳动条件和福利待遇。松下说："在'有人才始有企业'的前提下，想要员工能够充分地发挥他们的才能，经营者就要特别留意他们的劳动条件及福利待遇是否合理。"

6.让员工拥有梦想

让员工一直拥有梦想，并对未来怀有无限的憧憬，这不仅在培育人才上有很大的效果，也是松下特有的经营方式的又一体现。早在1932年，松下就向公司员工提出了一个为期250年的宏伟计划；1956年又发表了5年计划，这在以往的企业发展史上是少有的。自古以来，欲成大功立大业的人在其内心都有梦想，有梦想才会有追求。但是，将自己的梦想转化为员工的梦想，像松下这样的经营者却不多见。松下甚至认为，不让员工拥有梦想就没资格当老板。

7.以正确的人生观为基础

培养人才和制造产品不同，后者特别注重制造的技巧和方法，前者则不然。培养人才最重要的不是技巧，而是人与人之间的互相影响。具有健全人格和正确人生观的人互相接触，才是人才培养的关键所在，所谓"近朱者赤，近墨者黑"说的就是这个道理。所以，松下认为，公司的员工都应具有正确的人生观、健全的人格、高尚的道德情操，才会有奋发向上的精神面貌，才能互相影响、互相促进，不断提高自身的素质，成为对公司发展有用的人才。

松下公司育才要求很简单，从10个方面就可描述它所需人才的特征，也是培养人才的目标。这10个方面如下：

（1）不忘初衷而虚心好学的人。松下认为，公司壮大以后，最忌讳的是员工尤其是管理人员的自大。出现这种情况，公司就会停滞不前。所以，一定要教育员工不忘初衷，永葆谦虚，切忌自满骄矜。

（2）不墨守成规而经常有新观念的人。松下电器公司无论从事什么事情，首先要求不得违背基本经营方针。或许有人会问，这么一来不就把员工的思想框死在经营方针的模式上，而完全抹杀了他们的个性吗？其实不然，松下要求以基本的经营方针为根基，但同时也强调在此前提下，要使每个人都能展现各自的才能。松下认为，世界在日新月异地变化，公司也要同步变化，否则就会落后于时代，就会被时代所淘汰。所以，松下大力主张，培养不墨守成规而又经常具备新观念的人，是公司永葆青春的关键。

（3）热爱公司并与公司融为一体的人。日本与欧美国家稍有不同。欧美国家的人如果被问及所从事的工作，一定先告诉你他的职称及职务，然后再告诉你他所在的公司。日本人则相反。这种区别主要源于欧美公司与日本公司对待雇员的态度上。欧美国家的公司老板经常辞退或裁减员工，因此员工变换公司的频率自然加快，谈不上对公司的感情。而日本企业界普遍采取终身雇用制，员工与公司的命运似乎息息相关。这一点在松下电器公司表现尤其明显。松下认为，公司员工一定要有公司的意识，要有与公司同甘共苦的决心，公司才能不断发展。所以，在松下公司经常可以看到自动放弃休息日埋头工作的人，经常可以看到不计报酬挑灯夜战的人。

（4）不自私而能为团体着想的人。培养人才，固然是从提高每个人的能力开始的，但是如果仅仅这样是不够的。就像一个棒球队，拥有实力的选手固然重要，但是，如果缺乏团体精神，各自逞能，不讲团结配合，绝不会创造出优良的团队。公司也是一样，除了培养个人的实力外，更需要培养员工的团体精神。

（5）能做正确价值判断的人。松下断言，一个公司如果不能培养出在各方面都有正确的价值判断的人，那么员工不过是乌合之众，对公司一点儿用处也没有。如果不仅能正确判断价值，也可以做出自我判断，那么这些具有正确的价值判断和自我判断的人聚集在一起，就能产生巨大的力量，顺利完成各项使命。

（6）有自主经营能力的人。松下电器公司事业部，实际上近似于一个独立公司。事业部的经营活动，完全由事业部自己决定，这就要求事业部的员工，特别是部长必须具备自主经营的能力。松下说：一个员工如果只是按照上面所交代的话去做事，只顾每个月领取一份薪水就算了，这样是不行的。重要的是，每一个人都必须以预备成为总经理的心态去做事。如果每个人都把自己想象为社长，不仅会不断关心公司的成长，而且还会不断提高自身的素质，特别是提高自主的经营能力。

（7）随时随地都有热忱的人。所谓热忱，就是对事业具有坚定不移的信念和拼死追求的决心。这一点，在松下不平凡的一生中表现得尤为突出。松下说："在经营事业时，会遇到各种困难和问题。这种时候，最重要的是非做不可的热忱和决心，问题才会迎刃而解，而有这种决心和热忱的人，才是公司所需要的。"

（8）能得体支使领导的人。领导支使部属，是理所当然的事情；可是部属支使领导，却是松下独特的奇想。松下自创业以来便主张，不要只由上级对下属下达命令。上自社长，下至刚进公司的职员，虽然有上下级关系的存在，但在必要的时候，部属可以直接向部长甚至社长建议应该如何行事。松下说："如果公司里能出现10位很得体支使领导的人，这家公司一定会有无限的发展前途。"

（9）有自觉责任感的人。一个公司里，自上而下的每一个人，若都能对自己承担的任务敢负100%的责任，这样的公司无论如何最终都会走向兴旺发达。如果人人都推卸责任或强调客观原因，公司就会毫无希望。松下认为，一个人能有多少分的责任感，可以决定这个人有多伟大，因此有自觉责任感是有重大意义的。

（10）有气概担当公司重责的人。对松下来说，有能力担当公司重责的人是公司最重要的人才，这样的人才必须具备以下特征：

· 能始终贯彻商业道德；

· 能始终贯彻自主独立精神；

· 有克服困难的心态和实行能力；

· 可以察知人情微妙处；

· 具有国际性视野的专家；

· 具有独特的风格和鲜明的个性。

关于松下公司所需的人才，虽然这里只介绍了以上10个方面，但从中可以大致了解松下人才观的主旨了。年轻人若想做一个新时代的"松下幸之助"，不妨先做一个松下电器公司赏识的人才。

◆ 在风险中抓住机遇

1945年8月15日，日本无条件投降，战争结束了。第二天，松下幸之助把全公司干部都集合在礼堂，宣布立即由军需生产转变为民生必需品的生产方针。但驻军总部陆续发表了战后处理与民主化的政策，基于这些政策，日本的政治经济和人民生活，受到了影响。松下电器公司在一纸命令之下，不得不停止生产民生必需品的计划。松下幸之助不再保持沉默，立刻命令干部，向有关单位提出强烈抗议。经过再三说明，终于在9月14日核准收音机生产，其他产品也陆续得到准许。到了10月，整个工厂已经完成了生产准备。

1945年11月，收音机、电炉等产品开始战后第一次销售。由于这一段时间的人事费用及转变生产所需费用的增加，销售额一个月不到100万日元，借入的款项已达2亿日元以上。每个月光是利息，就得负担80万日元以上。设备不足、原料供应困难，引起效率低下。种种恶劣条件加在一起，使得生产无法如期进行。然而，松下幸之助深信经营将会好转。

目前的困难，完全是经济混乱的缘故，受影响的并非只有松下一家，只要全体员工同心协力，必然能打开一条光明大道。

当时，有不少工会采取破坏性行动，但松下电器公司的劳资关系融洽，从未因此而丧失相互间的了解与协调；因而能在社会经济混乱的时代，一面改善劳动条件，一面为拥护松下电器的发展基础，合作无间。然而，由于薪水不断调整，产品却被控制在公定价格之内，因此松下电器公司生产的产品越多，辞职的员工越增加，局面非常艰苦。

1946年3月，松下电器公司被盟军总部指定为"财阀"，一切和松下电器与子公司有关的资产，全都被冻结了。松下幸之助认为这项指定莫名其妙。松下幸之助并不是财阀，他拥有股份的公司在战争期间虽多至30家，但就规模而言，把这些子公司全部加起来，还不及其他财阀的一家子公司。松下电器公司，是松下幸之助这一代白手起家建立起来的，不过20多年的历史，等于通常一家电器厂扩大而已，跟现在财阀而且经过好几代的情形不同。平时的营业项目，属于和平用途的家电产品，过去在军方的要求下参加军需工业，但也为此举债，成了战争受害人，被指定为财阀完全错误，必须加以纠正。以后的4年，松下幸之助去东京驻军总部共50多次，不断提出抗议。

在他的坚持下，松下电器公司终于在1949年底获得"财阀"的解除令。至于限制公司的指令，也在1950年解除，松下电器公司终于能够自由地展开企业活动了。

1948年1月，松下电器公司又遭遇到另一个新的危机。为了摆脱战后严重的不景气，政府从1948年春天起，开始紧缩金融，因此物价上升的趋势缓和了许多。然而产业界却遭到了严重的资金困难，企业纷纷倒闭。松下电器公司在1946年初的每月销售金额，为370万日元，到了1947年，已经增长到每月1亿日元。但进入1948年之后，增长就开始缓慢下来了。当年秋季，资本金仅有4630万日元的松下电器公司，借款已高达4亿日元，而且还有3亿日元的未付支票、未付款项，使得员工薪水不得不从10月起分期付款了。在这期间，松下幸之助从银行融资贷款3亿日元，希望谋求改善。由于产品预期涨价比原来预定晚了很多，好不容易借出来的资金，为弥补一时之急，几乎都用光了。第二年的情况更加恶化了，松下幸之助发表了重建经营的根本方针，也就是进行工厂的整顿，仅留下一些优良产品，采取集中生产的方式，以减低成本，再加强促销，以求收益提高。

松下电器公司毅然执行机构改革，除了任命松下正治为副社长外，不增加公司的其他高级人员。在总公司设置总务部、制造部、资材部、营业部等幕僚单位，并采取总监制，各工厂独立核算，彻底执行生产合理化。从1949年1月12日，每位员工的生产量，由2.1日元升到5.6日元。公司进一步加强销售网，从2月到10月，松下幸之助亲自由北海道到九州，拜访全国各地的代理商、经销店，和他们再三恳谈。然后成立了代理店的亲睦组织"国际共荣会"，同时恢复战前的联盟店制度。

本来销售路线十分混乱，各代理店都与两家以上制造厂商交易，亲属感很薄弱。共荣会成立后，松下幸之助要求代理店共渡难关，迈向共荣的前途，并全力辅助代理店，巩固他们的向心力。同时，在全国各地设立营业所，在营业所管辖下，以县市为单位，分别设立办事处，全力强化销售体制。

1950年3月，松下电器公司再度实行机构的大改革，以工厂独立会计制及彻底合理化为基础，恢复传统的事业部制度。同时，采用了革命性的"销售公司制"，这一项新制度简化了销售业务，使工厂能够将更多的力量投入生产。松下与代理店的关系，又恢复到了"松下是代理店的工厂，代理店是松下的分公司"的状态，在战后混乱时期发挥了安定作用。

当人生陷入困境时，会有两种不同的应对态度：那些迎难而上、坚忍不拔的人可能会再度崛起；而那些遇难而退、不能正确面对危机的人，最终会跌入失败的深渊。松下幸之助认为一个企业遇到危机，陷入困境，并不可怕，可怕的是企业害怕困难、见难而退，在采取有效的对策之前，先输了志、泄了气，如此的话，即使外部条件再有利，企业也无可救药。世界上优秀的、成功的企业，并不是因为它们从来没有遭受挫折，而是因为它们百折不挠，克服了一个又一个困难。因此，当你处于困境，应该树立迎难而上、百折不挠、坚韧不拔的精神，有了这种精神，才能克服危机、摆脱困境。

也许迎难而上不是什么新鲜的话题，但是要实实在在地做到这一点并不容易。很多人遇到困难总是抱怨环境不好，运气不佳。失望，悲观，实际上都是害怕困难的表现。

松下幸之助也反复强调，企业经营遇到困境时，不要责备外界环境，不要怪运气不佳。他认为："做生意跟真刀实枪比武一样，不是你死，就是我亡。在拼杀中谁也没有绝对胜利的把握。……如果赔本，其原因绝不是'时'与'运'不好，而是经营方法不得当。所以，如果将经营不当的结果，看作时运不济，这根本就是错误的。"

松下幸之助一直认为，优秀的企业、优秀的经营者必须有迎难而上的精神。他说："在被称为'动荡不定时代'的今日，的确不容易预测将来的趋势，因此经营困难当然很多。但严格说来，这种困难不是现在才有，过去有过，将来也会每天都存在。困难越多，社会越动荡，才越能让有雄心、有志气的人觉得有意义。没有这种雄心或志气的人，在面对逆境时会因动摇、迷惘，而被时代淘汰。如果经营者如此，他所主持的公司，必然不会成功。"

松下幸之助的这段话可谓十分中肯。的确，企业在经营过程中，每时每刻都会遇到困境，如果知难而退，企业就没有成功的希望。只有不畏惧困难，迎难而上，才不会"被时代淘汰"，才能从困境中重新站立起来。

年轻人应该具有像松下幸之助一样的毅力，在危机四伏或四面楚歌之际，表现出"挽狂澜于既倒，扶大厦之将倾"的英雄气概。美国的杰弗利·泰蒙斯在其《经营者的头脑》一书中说得好："真正的成功者不会被失败吓倒，他们在困境中发现了机会，而大部分人看到的只是障碍。"年轻人要勇于承受失败，并把失败化作再次奋起的动力。

迎难而上的毅力主要表现为以下两点。

（1）坚持不懈。古人云：君子有恒，大事乃成。这句格言说明了坚持不懈才能成功的道理。

就拿创业来说，在当今，创办一个企业，幻想一夜暴富，几乎成了流行和时尚。事实上，每年都有成千上万的企业开张，但不幸的是，只有少数企业能生存下来，而大多数企业则半途倒闭。所以，创业者在创业的过程中，必须有坚持不懈的精神，经得起时间的磨炼和困难的考验，才能最终实现自己的梦想。

（2）百折不挠。充满传奇色彩的洛克菲勒也同样经历过挫折的打击，如果他在一次失败之后决定放弃，那他就不会成为后来的"石油巨子"了。美国的史学家们对他百折不挠的品质给予了很高的评价："洛克菲勒不是一个寻常的人，如果让一个普通人来承受如此尖刻、恶毒的舆论压力，他必然会相当消极，甚至崩溃瓦解，然而洛克菲勒却可以把这些外界的不利影响关在门外，依然全身心地投入他的垄断计划中。他不会因受挫而一蹶不振，在洛克菲勒的思想中不存在阻碍他实现理想的丝毫软弱。"

人生的道路往往不是一帆风顺的，面对挫折和困难，要以坚持不懈的精神和百折不挠的意志在困境中创造生机，在风险中抓住机遇，这样才可能成就一番事业。

松下幸之助曾说："不管是什么决断，都是既面临风险，也会有某些成功的可能性，关键是决断的前景。可行性一般难于把握，在很多情况下，大都具有不确定性……但在确认有某种赢利可能时，就必须毫无畏惧地迎接挑战。"

他还说："无论我们从事什么行业，若遇到挫折就气馁，失去奋斗的意志，那么永远无法成功。人生不如意的事十有八九，遇到不顺利的时候只有继续努力，才会获得成功。做生意就像真刀实枪的决斗，绝不可稍有疏忽或懈怠，要一直到获得胜利为止。无论经济景气与否，应有的态度和决心都是一样的。我认为，一个真正的经营者，越是在不景气的环境中，越能巩固向上发展的基础。"

做人也要像松下幸之助做生意一样，不要因为一两次不顺利，就心灰意懒而放弃。当然，这不是纸上谈兵，而必须实实在在地去努力。如果任何困难都能克服，那么你将从中获得无穷的乐趣。

正是凭着这种永不服输的精神，小小的松下公司才能够渡过一个又一个危机，而最终发展成为实力雄厚、规模庞大、世界首屈一指的"电子巨人"。

◆ 高工资是稳定人才的法宝之一

1946年，日本的经济在第二次世界大战的废墟上步履维艰。正是在这一年，松下幸之助在例行的经营发表会上宣布："今年我一定要实行高薪资、高效率的方案。"

　　松下幸之助宣布的方案，遭到了日本地方政府的强烈反对。当时日本政府为了抑制急剧的通货膨胀，对企业提高工资设置了许多政策障碍。为了取得政府的同意，松下幸之助派财务部长拜见了政府有关官员。该官员在听取了财务部长转述的松下幸之助的想法后，破例准许了松下电器公司的加薪方案。松下幸之助的想法是：目前大家的生活都很困难，再这样消费下去，恐怕总有一天会更加贫困，如果从自己公司开始提高工资水平，就能带动其他公司员工的工资水平的提高；而工资水平的提高，必能带来高效率、高产出的工作景象。这样，在动荡的社会中，经济必然是向良性方向发展的。

　　松下幸之助的此举，对于松下公司的员工来说，无异于注入了一针强心剂。很快，松下公司的生产效率急速上升，呈现出一派勃勃生机。

　　在不景气的市场环境中，大多数企业经营管理的第一反应都是"裁人减薪"，以减少企业开支，渡过难关。松下幸之助却反其道而行之，用高工资的手段调动员工的积极性，从而达到企业与员工的双赢。

　　美国麦考密克公司成立初时还顺利，员工收入和企业利润的增长都比较快，但是，公司创始人W.麦考密克是个个性豪放、带有浓厚江湖义气的经营者，其经营方法逐渐落后于时代，虽然苦心经营了许多年，可公司渐渐变得不景气，以致陷入裁员减薪的困境，几乎马上就要倒闭了。此时，W.麦考密克得病去世了，公司总裁由C.麦考密克继任，人们希望他能重整旗鼓，恢复公司的元气。新经理胸怀壮志，表示不把公司搞好决不罢休。所以，他一上任就向公司的全体员工宣布一条令人吃惊的、与以前截然不同的措施：自本月起，全体员工工薪水平每人增加10%，工作时间适当缩短，并号召大家："本公司生死存亡的重担就落在诸位肩上，我希望大家同舟共济，协力渡过难关。"原先要减薪一成，如今提薪一成，而且工作时间要缩短。员工顿时听呆了，几乎不相信自己的耳朵，转而对年富力强的新经理的做法表示由衷的感谢。从此，员工士气大振，全公司上至总经理，下至普通员工，齐心协力，共同努力，一年内就转亏为盈了。

同一个公司，由于新经理采用截然不同的措施，效果是不一样的。减薪，加大了员工的危机感，信心也丧失殆尽；加薪，振奋了员工精神，是鼓舞，也是激励，使员工干劲十足。麦考密克公司也因此大为振奋，发展更加迅速。如今，该公司已成为国际知名的大公司。人才是企业兴衰成败的关键，日本经济的飞速发展，主要原因之一是重视人才。在这方面，非常崇拜松下幸之助长期从事企业经营管理指导工作的酒井正敬先生有独到的见解："我所依据的原则是，你使用各种办法，在招工时用尽浑身解数，不如使自身成为一个好公司。这样，人才则自然就汇集而来。如果只是招工时采用各种手段，说尽甜言蜜语，而当年轻人一旦进入公司，发现公司本身并不好，马上会意识到'我受骗了'，接着就会纷纷辞职。我的经营指导方针是不一定做大企业，但要努力做优良的企业。公司规模大，并不值得骄傲，值得骄傲的是公司自身优秀。"

招到优秀人才还要会用才，有了优秀人才后，要有一定的办法和措施稳住人才。

酒井正敬先生认为稳定人才的法宝之一是高工资。他认为："一个经营良好的公司，首先是员工的工资较高，给企业的员工支付高工资是经营者的职责。其实，也可以换一个说法，让员工生活得更幸福，是经营者的职责。"

"我当然并不否认也有的企业工资较低，员工也还显得稳定，但这样的企业中的员工恐怕都是别处不会雇用的人。现在已经很少见到那种认为'员工只是赚钱的工具'的经营者了，这种企业是很难网罗到人才的。"这里有两个关系到提高工资的条件：一是提高劳动生产率。简单地说，就是把10个人的工作交给7个人干，而且不能加班加点，这就要改变蛮干乱干的现象，而要合理地使用设备，科学组织生产，这样就可以把节省下来的3个人的工资分摊到那7个人头上。二是开发产品增加盈利。企业一面做批发商，一面兼作制造商，只有开发新产品，才能增加盈利，也才能提高员工工资。

某地的一家中型商场——T商场，T商场的经营者曾抱着孤注一掷的决心，决定扩大企业经营规模，把400平方米的面积增至3000平方米，但遇到了缺少人才的难题。这位经理花了半年的时间，把一家大商场的部门经理挖了过来，破格任命他为商场的业务经理，此人还从这家大商场带过来10个人。T商场的经理不仅都委以重任，而且都支付了高于大商场的工资，这就使T商场的工资系数提高到大商场的水平。起初这对T商场经理是个很痛苦的决定，甚至夜不成眠。但是他的这个决定使事业获得了成功，投资完全可以收回。他的这一支付高工资的办法，可以说是雇用有经验员工的有效手段。

◆ 量力委任，适才适用

1951年10月，松下赴美进行商务考察。此次商务考察的目的，是寻找电子工业的合作厂商。松下考虑的合作对象有两家：一家是美国的RCA公司，另一家是荷兰的飞利浦公司。与RCA公司的谈判结果不尽如人意，松下便改道欧洲，拜访了位于荷兰阿姆斯特丹市飞利浦公司的总部。

荷兰与日本有较多的相似之处，国土狭小，资源缺乏，国内市场有限。飞利浦公司把目标盯住国际市场，在全球设有300多家工厂及总销售店，是全球最大的家用电器制造公司之一。

松下参观飞利浦公司的总部及工厂，发现松下电器在管理上并不逊于飞利浦，但在技术上却有着天壤之别。松下决定与飞利浦公司合作，以学习其先进的技术。

松下与飞利浦谈判的初步结果是：双方在日本合资建立一家股份公司，公司的总资本定为6.6亿日元，飞利浦公司出资30%，松下电器出资70%。飞利浦公司应出的30%，由该公司的技术指导费作为资金投入。

事实上，飞利浦公司不需投入一分钱，全部资金由松下电器一家承担。松下不免担忧：投入巨额资金，产品能不能打开市场获得盈利呢？飞利浦包赢不输——这样的条件未免太苛刻了。

1952年7月，专务董事高桥荒太郎飞往荷兰，与飞利浦公司进行了为期两周的谈判。松下的目标是实现平等合作，他在高桥起程前关照说："如果交涉不顺利，就不必勉强。"

经过3个月的艰难谈判，高桥终于不辱使命，赢得了一个满意的结果：

飞利浦公司的技术指导费价值销售额的4.3%，松下公司的经营指导费价值3%。实际上松下公司只付出1.3%的技术专利使用费。

为什么这么重要的谈判，松下不亲自出马，而是委派自己的特使高桥呢？松下在事后是这样说的：

"高桥君态度平实，从不夸大其词，容易博取对方的好感；并且应该争取的地方，会极力争取，他做事很稳重啊！所以，再三斟酌，我想高桥君比我更合适。"

"我，怎么说呢？有个坏毛病，就是决心下得太快。详细情况不了解就做出决定了。所以每次谈判我都不行，一碰到烦琐的细节就会心烦。这方面高桥可是个大人物啊！他很有耐心。"

显然，松下是自谦了。但这可以说明松下用人之道的精妙——量力委任、适才适用。这正应了一句话："居高位之人，抓大而忽小。"真正精通权道者，无不如此，不必事事躬亲，只要把握航向就可以了。

一些有能力的年轻领导者往往形成了"老子天下第一"的错觉，认为自己在企业里的能力无人可比，因此大事、小事都由自己上。殊不知，此举不仅会使自己在办某些事时办砸，还会在无形之中挫伤下属的工作积极性。

明智的年轻领导者，要学会"量力委任、适才适用"。毕竟，就算你浑身都是铁，又能打几颗钉？

既然"量力委任、适才适用"，那么，就应比较其长处短处，根据其的"大小"，取恰当之处加以利用。但是，在实际工作中，却并非如此，常有既知其"大小"，而又随意用者。因而造成"大材小用""小材大用"，甚至错用人才的情况。因此，任人必须按照"唯器是适"的原则，切忌发生下列情况。

1.大材小用

《庄子·让王》中记载着这样一段话："今且有人于此，以随侯之珠，弹千仞之雀，世必笑之。是何也？则其所用者重，而所要者轻也。"其意是在讽刺那种得不偿失的做法。这种用"高射炮打蚊子"的做法，在用人中则称为"大材小用"，即把高能人才安置在很低的职位上。宋朝陆游《剑南诗稿·送辛幼安殿撰造朝》诗："大材小用古所叹，管仲萧何实流亚。"《后汉书·边让传》也曾记述："'函牛之鼎以烹鸡，多汁则淡而不可食，少汁则熬而不可熟。'此言大器之于小用，固有所不宜也。"可见，大材小用历来为用人者之大忌。之所以如此，是因为大材小用不能使人尽其才、才尽其用。

造成大材小用的原因非常复杂，但在一般情况下，有的是因为用人没掌握要领，正如王安石所说："虽得天下之瑰材杰智，而用之不得其方。"造成大材小用的原因有的是出于嫉贤妒能，而有意识地大材小用，从而使他有能力也无法展现；有的则是因为某些特定的环境和条件所造成的。例如，当兵少官多时，不得已而降级使用；事少人多时，不得已而"委屈"求职；贫困潦倒时，不得已而暂且栖身等。还有的是因为讲求论资排辈等陈规陋习造成的。

切忌随珠弹雀，首先，必须认识到"随珠"之高昂价值，使其深感失之可惜，必然引起厚爱。其次，必须知其所用而用之。古人说："屠龙之会，非曰不伟，时无所用，莫若履豨。"最后，必须有石子泥丸加以配合，以作小用，否则不仅雀飞可惜，再搭上个代价高昂的"珠弹"，岂不是"赔了夫人又折兵"。明白了上述这个道理，则用人之理也自明了。

2.小材大用

《荀子·荣辱》言："短绠不可以汲深井之泉。"也就是说短绳打不出深井水，比喻能力小，难以担当大任，也称为"小材大用"。

同大材小用一样，小材大用在现实生活中也较普遍。有的人学业不深，经验不足，然而却被委任为领导职务；有的人只知一岗一职，而不知数业数职，却硬要被委以"全面负责"；有的人文化不高，而又不勤奋自学，却被授予中高级职称；有的人文字功底极差，却担当"秘书"工作，甚至"秘书长"之职；还有的人甚至只认识几个英文字母，却也是"译著"累累……如此之事，不一而足。究其原因，一是"世无英雄，遂使竖子成名""矮子之中选将军"，择其高者而用，岂知"高"

者不高，仍为小材大用；二是"鸡鸣狗盗之人"，裙带之下皆为"人杰"，于是小材便为"大材"，"大材"理所当然大用，其实，仍为小材大用；三是醉眼蒙眬，视小为"大"，嘴馋心软，指庸为"贤"，受其贿则许以诺，吃其请则用其人，所以小材便得以大任；四是不识虚华，以为"满腹经纶"，或受"高论"蒙蔽，视之为"才华横溢"，加以爱才之心，人皆有之，便以偶得"瑰宝"，奉若神明，委以重任，殊不知是绣花枕头，外表虽美，内里却是满腹草包。

"绠短汲深"，小材大用，弊端很多。一是"蜘蛛举鼎"，小力撑重，虽竭尽全力、心力交瘁而徒劳无益，一无所获；二是"以管窥天，以蠡测海，以莛叩钟"，观察事物出入太大，处理事务失误多多，虽当大任，却难成大事，即使时间长远，在实践中学得一二，工作稍有进步，也是以国家与集体付出的重大损失为代价，即所谓付之以"巨大学费"；三是"不才者进，则有才者之路塞"，"小材"挤了"大材"，"小材"占据高位，而"大材"就只有小用，甚至无所事事，如此而大小颠倒，上下紊乱，举事皆废。

因此，"人各有才，才各有大小。大者安其大而无忽于小，小者乐其小而无慕于大。是以各适其用而不表其长"。心理学上有这样一个概念，叫作"能力阈值"，是指与某种工作性质相适应的智力发展水平。也就是说某一工作需要的智力发展水平有一个定值，超过了则是"大材小用"；不够则是"赶鸭子上架"。人事心理学认为，每一种工作也有一个能力阈值，即每一种工作都只需要恰如其分的某种智力水平。只有这样，才能使工作效率尽可能提高，同时又可避免人才浪费和人格异常现象。而导致人格异常心理功效的主要心理因素，就在于智商过高的人从事一项比较简单的工作，从而对工作感到乏味，致使工作效率低下；

反之，智力发展水平偏低或智力平庸的人，去从事比较复杂或比较精深的工作时，也常感叹力不从心，从而产生焦虑心理和人格异常。因此，领导者并不一定要把智力最优秀的人全部投入某一项工作，也不需要让能力低下者去完成过重的工作，使其"绠短汲深"、勉为其难，而应该是合理地确定每一种工作所需要的能力阀值，因事择人，选择与该工作相适应的人员。

3.用材错位

有这样一首古诗："骏马能历险，犁田不如牛。坚车能负重，渡河不如舟。舍长以就短，智者难为谋。生材贵适知，慎勿多苛求。"可见，除大材小用、小材大用之外，还有一忌，即"用材错位"。

"用材错位"主要表现在两个方面：

第一，外行当作内行使用，即不论其能力水平高低，是否对口适职，就委以重任，使之担负重要的工作，结果业务一窍不通；技术更是没门儿。正如《孙子》所说："不知军之可以进，而谓之进；不知军之可以退，而谓之退"，"不知三军之事，而同（干涉）三军之政"，"不知三军之权，而同三军之任"，这样的军队若不被打败，那么世上就没有胜败可言了。

有这样一则报道，一位毕业于清华大学机械制造专业的工程师，在设计方面颇有专长，20多年来，工作干得非常出色，曾受到有关部门的多次表彰。正当他潜心致力于科研工作之时，他所在的工厂却要提升他当副厂长，主管厂里的后勤工作。这位工程师考虑到自己的实际情况，向厂长陈述了不能去的理由。厂长却说，"这是领导决定，不要不识抬举"，他只好苦在心中，硬着头皮上任了。试想，这样的工程技术人员，在其从未接触过后勤管理工作的情况下，担任副厂长领导工作，是不是"错位"？又何以能够胜任？

第二，"所学非所用，所任非所能"。世间的万事万物，都各有其用；人之才能，各有其适，如果"乱点鸳鸯谱"，必致"两败俱伤"。但实际上，任人随意，不考虑其长短处而用之多有发生。

明代冯梦龙的《古今谈概》中记述这样一件事：吴郡人陆庐峰在京城一家商店里看到一方石砚，该砚上面有个豆粒大的凸面，中间黑如点漆，四周密密环绕着几千道淡黄色的晕纹，看起来像八哥的眼睛，但因囊中羞涩，卖主索价又高，遗憾而去。返回客店，陆庐峰终于咬牙跺脚，下决心取出一锭银子交给门生，嘱咐他速去买回那方石砚。门生捧着石砚归来，却不见其"眼"，陆庐峰认为门生买错了。不料门生回答："我嫌它有点凸起，便请石匠帮忙把那'眼'磨平了。"陆庐峰听罢，叫苦不迭。石砚贵在有"眼"，而外行却认为它多余，竟致磨平，一失千金，这实在是"任非所能"之害的典型案例呀。

用材错位的原因的确很多，有的因为领导者不善用人而又固执己见，硬要人们"姑舍汝所学而从我"，以致学用错位；有的是因为领导者嫉贤妒能，排斥异己，故意使"骏马犁田""坚车渡河"，以示冷遇；还有的是因为知人不全，知事却又浅陋，加之组织能力又不行，而致用人混乱，处事不准，多使部属学用错位。

那么，如何才能避免用材错位呢？科学合理的做法就是"因人而使，各取所长"。

春秋战国时《逸周书·官人解》所提出的用人细则——"九用"任才法颇有借鉴价值："平仁而有虑者使是治国家而长百姓，慈惠而有理者使是长乡邑而治父子，直愍而忠正者使是莅百官而察善否，慎直而察听者使是长民之狱讼、出纳辞令，临事而洁正者使是守内藏而治出入，慎察而洁廉者便是分财临货主赏赐，好谋而知务者使是治壤地而长百工，接给而广中者使是治诸侯而待宾客，猛毅而度断者使是治军事而为边境"。这段话的意思是说：公正、仁义、有智谋的人，可当任国家官员和地方长官；仁慈、厚道且知事理者，可以担任基层领导；正直、忠诚、信用者，可任纪律检察官员；公正、求实、善于鉴察者，可做法官；凡事廉洁奉公者，可任财务官员；能谨慎鉴察并廉洁公正者，可做主管分配和赏赐的官员；善于谋划和经营事务者，可做农工、生产管理人员；善于交际并能广泛搞好关系的人，可做外交官员；勇敢、刚毅、善于估计形势和果断决策者，可做军事统帅。

用人如果能做到这样精细，这样因人制宜，那么任用人才就没有错位可言了。

第四章　经营管理决定企业寿命

　　生产与消费就好像车子的前后轮一样，无论前轮或后轮，太大太快或太小太慢都是不好的，最好是两令轮子协和一致，才能跑得稳当，不出差错。

——松下幸之助

◆ 生产者的使命

　　一个炎热的夏季，松下走过大阪天王寺附近偏僻的街道，这一带的房子外面设有公共使用的自来水龙头，自然是要向附近用水的居民收费的。这时候，有一个拉平板车的人经过这里，他拧开水龙头，先含一口水漱过口，然后喝起了自来水解渴。自来水并不是免费的，也要经过工厂加工生产，这谁都知道，然而并没有人因此而责备他，或者说他偷窃了别人的物品。为什么？松下想：任何一种制品，大量生产近乎无限的时候，这种东西就像不要钱似的了。

　　松下认为，我的工厂，生产的电冰箱、电风扇和洗衣机要是都像生产自来水一样，大量供应，价格便宜，对人们而言将是福祉。如果不是我一家公司，所有的企业，生产食品和衣料的民生必需品都像生产自来水似的，社会上就不会有贫困，不会有饥饿和寒冷。使物价越来越便宜，形成一个充足供应的世界，这就是生产者的使命。

松下认为：我的任务就是要把电器用品制造得像自来水一样多、一样便宜，当然，实际上很难做到这个地步。但我要尽力使制品的价格降到最低的水准。

大抵生产的目的，不外乎丰富人们的日常生活，并提高人们的生活质量。这也是我平生最大的愿望。

◆ 经营应做到留有余地

"你们都见过水库吧？"松下这样问自己的下属员工，"人们修筑水库是为了蓄水，洪水来临用于拦洪，减少灾害；干旱了又可以开闸用于灌溉，平日则发电。这一收、一放，是水库的特点。"

"我认为企业经营同样也需要这种调节机制。水库是用于抗御自然灾害的，而将其原理用于企业，则可应付突发变故和经济萧条。"

松下认为，如果公司的各部门都有自己相应的"水库"，即使外界情势发生变化，也能维持稳定和发展。经松下的启发、诱导，各部门都建起了自己的"水库"，这就是"资金水库"。一个10亿元资金的项目，需要11亿~12亿元资金的准备。如果不留余地，一旦有意外（这种意外是经常发生的，人们在做计划时很难预见其具体内容）情况发生，要追加资金，可能性甚微，如此就会造成计划中的项目半途而废。

"设备水库"。就是说设备使用不要长期达到100%，且不可做超过设备能力的运营。也就是说要用大马拉小车，保有10%~20%的设备能力，这样就能在产品市场反应良好时，迅速做出反应，满负荷运营，以应急需。

"库存水库"。即要有适量的原材料和能源库存，以应对原材料减少、能源供应紧缺等原因造成的非正常情况。

"新产品水库"。在新产品投入市场的同时，其换代产品应该已经研制定型并等待投产，另有更新的第三代产品已经投入研制开发。

水库的目的是拦阻和储存河川的水，随着季节或气候的变化，经常保持必要的且相对恒定的用水量。企业也需要有这种调节和运用的机制，才能稳定发展。如果公司的各部门都能像水库一样，即使外界情况发生变化，也不会受很大影响，而能够维持稳定的发展，这就是"水库式经营"的观念。在企业中，不论设备、资金、人员、库存、技术、企划或新产品的开发等各方面都必须有"水库"，并发挥其功能。换句话说，在经营上各方面都要保留宽裕的运用弹性。

例如资金，假设经营一个需要10亿元资金的事业，如果只准备10亿资金，万一发生事情10亿资金不够时，问题就不能够得到解决。因此需要10亿元资金时不妨准备11亿或12亿资金，这就是"资金水库"原则。关于资金问题，松下还发表过他的特殊看法。日本在一段时期内流行过银行要求公司把从银行贷款中的一部分再存入银行的做法，许多企业指责银行的做法太过分了。松下却说："50多年来，我一直是这样做的，我从银行借钱的时候，只需借1万就够了，可是我总是多借些，借2万，然后把剩余的1万又原封不动地作为定期存款存入银行。看起来是赔钱的，但是我却不那么认为。我是把它当成保险金。有了这笔保险金，在需要的时候，随时都可以提出来使用，而且银行总是十分信任我。"实际上，这也是一种资金水库的建立方法。

例如生产设备，如果只有生产设备的使用率达到100%才会盈利，那对企业来讲是非常危险的。换句话说，平时即使只运用80%或90%的生产设备，企业也应该有获利的能力。那么一旦市场需求量突然增加，因为设备有余，才可以立即提高生产量，达到市场的要求。这就是"设备水库"发挥了作用。

另外，经常保持适当的库存，以应付需要的激增。不断开发新产品，永远要为下一次的新产品做准备，这些都应在制订企业的发展计划中有所考虑。如果公司能随时运用这种水库式的经营法，即使外界有变化，也一定能够迅速而妥当地应付这种变化，维持稳定的经营与成长。这就好像水库在干旱时能通过放水来解决水源短缺的问题一样。

但是，还有一点必须注意的是，"设备水库"或"库存水库"并不是使设备闲置或库存过剩。如果一个企业预估它的销售量，并根据这一预测来购置设备和决定生产量，却因为卖不出去而有库存，设备也没有完全利用，这和水库式经营完全没有关系。这只不过是估计错误所造成的，而这种剩余是不应该发生的。松下特别强调水库式经营是基于正确的估计，事先保留10%或20%的准备。

松下同时认为，除了有形的经营水库，还有更加重要的"心理水库"，也就是企业经营者要具有水库经营观念。如果能以水库意识去经营，就会根据各个企业的具体情况而拟定不同的水库式经营方法。

为了经营上有所发展，在一切方面都应做到留有余地，而那种只顾眼前的做法是十分危险的。水库式经营不是靠眼前的利益而获益的，如果仅仅筑起资金、设备水库那是无法在短期内产生利润的。但是，采取水库式经营从长远角度来看则比较可靠，很少出现失败。所以企业如果希望长期稳定地发展，就必须建筑经营中的水库。

◆ 唤起员工的责任感的"公开式"经营

松下在创业的初期，工厂只有五六个人的时候就采用这种方法。

他每个月都要让会计向职工公布账目，收入多少，支出多少，多少钱用于购入原材料，还有多少库存，本月的实际利润等。在一般人看来这也许有点幼稚，简直像家庭过日子一样，但松下却认为这种方法对于激发员工的热情和参与精神是非常有效的。工厂经营好与坏和每个人都有关系，经营好、利润高，员工下个月就会干得更有劲；出现亏损，员工就会与老板共同努力，憋足了劲儿，下个月给找补回来。

由于此种方法的成功，松下在成立股份有限公司以后，仍然采取这种"玻璃式"经营方法，不过在具体操作上更完善，更制度化。这种法则主要包含下面几点：

"目标公开"。松下电器公司在每一年的1月份定期召开全体员工大会，发布公司全年的经营方针；每个月各事业部又都有自己的部门经营计划。这样，公司的每个员工对全年应达到的计划指标、每个月应完成的进度了如指掌，上上下下同心为完成共同的目标而努力。

不仅如此，松下还适时地向员工发布中、远期计划，这就有点像政府制订的"5年计划"一样了。1932年，松下在公司"创业知命纪念日"上发表的演讲，就是这种远期目标的公开发布。他把公司每一个发展阶段定为25年，又把每个阶段细分为3个时期，即基础建设时期（10年）、活动发展时期（10年）、贡献时期（5年）。

松下认为："为达到企业最终使命的目标，应无穷尽地大量生产投资，满足整个社会的需要，建设一个成为全体人员的乐园。基于这种责任，应该使公司上下每一个人明了发展事业的具体方案和实现方案应当走的途径。"

这种"目标公开"的做法取得了良好的效果，在松下讲完之后，员工纷纷要求上台发言，台上演讲者激昂，台下听众振奋，唤起了员工的责任感和持久的工作热情。

有些经营者，总是把经营实情有意无意地掩盖起来，不论好坏，都是如此。在他们看来，员工知道这些有什么用？其结果必然是老板一个人冲锋陷阵，员工作壁上观。这能怨别人吗？还不是自己封锁消息造成的？松下则不是这样，他把喜讯告诉员工，请大家分享成功的愉快；他也把企业的麻烦讲给员工听，依靠大家的力量共渡难关。在员工眼里，劳资双方不是对立的，而是彼此信任的，事情因此好办得多。

"财务公开"，这是企业中最为敏感的问题，全面公开账目，告诉员工公司或部门的收支情况和资金使用情况。诸如多少留做福利基金，多少留做企业发展基金，多少用于员工薪金……如此做法，一可以培养职工主人翁精神；二可以在公司遇到困难而不得不压缩某些非生产性开支时，得到员工的理解和支持。

松下在解释公司实行"玻璃式经营法则"的目的时说："为了使员工都能抱有信任的心情和负责的工作态度，我认为采取这种经营法确实比较理想。公开的内容不只在财务，甚至技术、管理方针、经营实况等，都尽量让公司的员工了解。"

"玻璃式经营法则"的作用还在于唤起员工的责任感，消除依赖心。松下认为："企业的经营者应采取民主作风，不可以让部下盲目服从，并对领导心存依赖。每个人都应以主人翁的心态，在负责的条件下独立工作，所以，企业家有义务让公司的每一位员工了解经营中所有的实际情况。一个现代的经营者必须做到'宁可让每个人都知道，不可让任何人心存依赖'，这样才能激发工作热情，推动整个事业发展。"

◆ 适时地主动退却

松下凡事都留意，注意观察和思考，大到宗教、社会的引水工程，小到自然界的花鸟虫鱼，无不引发他的联想，并从中悟出企业经营的道理。

松下认为，企业经营一帆风顺，一个劲儿地朝前发展而无须后退，固然是大家都希望的，但事实并非如此。他说："社会是很奇妙的，好事情连续3次之后，就会有失败随之而来。"他把自己对自然界有趣现象的观察活用于企业经营。他说："尺蠖虫就是前进3寸又退回1寸，这是很值得学习的。赚了3年以后，第4年还想赚，正如尺蠖虫的身体完全伸直了，你还要让它再继续拉直不去后退，那它是要死亡的。死亡好，还是退回一些，生存下来再前进好呢？当然是退回一些好。"他还说："大前年赚了钱，前年又赚到了，去年也赚到了，如果今年还能赚到，那就太好了。可是，这个世界没有那么便宜的事，所以，大家应该有赚了3年就退回1年的想法才好。如果有了这个心理准备，经营中或是外部市场发生一些问题，就不会惊慌，就算亏了一个年份，还会剩下两个发财的年份呀！"

松下把尺蠖虫的运动规律用于公司运作，他在解释为什么必须这样时，补充说："有了这种想法和做法，就不会有苦恼，因此也就不会慌张，能轻松地处理事务，产生智慧，说不定在第四个年头还会有钱赚。"

松下要求自己的公司各事业部，要像尺蠖虫那样在业务发展顺利的时候，也要考虑适时地、主动地退却，而不要做仓皇、无准备的退却，到了为外界情势所逼迫、不得不退的地步时，那是最糟糕不过的了。

◆ 对产品负责到底

有一次，松下幸之助路过一个经销商的店铺，见待售的松下电器满是灰尘。女主人不认识他，认为是顾客，非常热情地向他介绍产品。松下说："您大概很忙，这样吧，我帮您把这些商品擦亮，看哪个更好，我要挑最好的。"说完，就动手擦洗起来。女主人愣了一会儿，觉得这应该是自己的事情，也动起手来。经过整理清洁后的商店和里面的电器，就像蓬头垢面的孩子洗澡理发之后，精神多了。女主人正要感谢松下先生。松下说："我是松下幸之助，不是来买电器的。我路过这里，进来看看。松下电器有今天这样的成就，多亏你们的关照和支持。"女主人听完松下出自内心的感激之言，面带愧色地说："我的工作没做好，真不好意思，松下先生，请多指教。"

松下说："卖东西就像嫁女儿，女儿漂亮，小伙子就会喜欢。"

自此以后，女主人开门营业之前的第一件事就是打扫卫生，使商店整洁，给人舒适之感。商店也渐渐兴隆起来。

女儿回娘家，不管抱着什么心情而来，父母总是高兴的。消费者来向制造商诉说产品的缺陷，制造商能像对待出嫁的女儿一样欢迎她吗？松下告诉他的员工，凡是到公司来的人，都是我们的客户，不管你是否认识，都应该微笑地打招呼。主动地询问顾客的想法和需要，并提供尽可能的帮助，是赢得顾客信赖的重要方法。

一位长期以来以有松下电器为荣的顾客，十分遗憾地买到一个不合格的产品。为此，他非常失望，并认为："这种不良商品也出售，真要不得，非严厉警告不可。"于是特地到松下电器公司来。

可是他到公司实地一看，气全消了。公司所有的员工都在非常认真地工作，也很诚恳地接待了他；对那不良商品的处理，更是严肃认真，仿佛是自己事似的。于是，他心想："大家都这样认真专心，偶然发现一个不良产品，我也不必发脾气。"

按常理，顾客发现有不良商品时，都会非常愤慨，并发誓今后绝不再买他们的商品。可是，这位顾客却说："人无完人，松下电器偶尔出点儿问题也是可以理解的。"他不仅原谅了，而且对松下电器公司反而更具信心。

松下公司不仅欢迎"出嫁的女儿"回来，而且常派下人看望"出嫁的女儿"，追踪了解用户对产品的意见，将发现的问题及时反馈到公司，从而改进产品或服务。

松下说，对自己的产品要负责到底。"商品到厨房就负责到厨房，到了客厅就负责到客厅里，到了外国就负责到外国，绝不能不负责任。对于产品的使用情形如何，有没有缺点，有没有毛病……要负责到底。"这样产品才能不断完善。

派到美国去了解顾客意见的公司员工，回来向松下报告了一个重要消息：美国顾客喜欢每盒放映时间4~6小时的录像带。这个消息促成了松下采用VHS型录像带的决心，这一决定使松下电器公司的录像机事业很快将遥遥领先的索尼公司甩在后头。

女儿出嫁时，父母总要为她梳妆打扮一番。自古皆然。在平时，也许你能常常见到蓬头垢面的少男少女，而你永远不可能碰上这样的新郎新娘。松下先生从中悟出一个道理，漂亮的姑娘人见人爱，商品也当如此，造型优美，格调高雅，感觉舒畅的东西，会刺激消费者的购买欲望。所以，松下电器公司的产品很注重外表的设计及包装的技巧。松下先生甚至说过"要使广告增强人的购买欲"的话，讲的就是要使广告的画面使人产生美感。

自古至今，经商者千千万万，恐怕还很少有人有"卖商品像嫁女儿"的感觉。而松下却独开先河，提出与众不同的销售理念，并付诸行动，实在难能可贵。

松下主张"卖商品要像嫁女儿"，并不像我国俚语中所谓的"嫁出去的女儿泼出去的水”。

首先，要像嫁女儿那样严肃，隆重地把商品卖给顾客；其次，成交以后，与顾客的关系便是姻亲关系，要保持礼尚往来；最后，要像看望出嫁的女儿一样，经常关心产品售后的使用情况，使其受顾客的欢迎。

这几层意义用现代商业社会的术语来表达，就是“实行三包”，做好售前售后的服务工作。现在许多企业都能做到，但能做得像松下电器这样早，这样彻底、完全，又令人满意的却不多。

松下所谓的“卖商品要像嫁女儿”的经营思想，是一种对自己高度负责的行为。年轻人在为人处世方面，也要像他一样，为自己的一举一动全面负责。

◆ 100分不如70分

松下幸之助在对某一岗位的人员选择，或选择某一产品的开发人员时，一般不用“顶尖”人才，而是取中等的，可以打70分的人才。他认为，“顶尖”人才中，有些人自负感很强，他们往往抱怨环境影响自己才能的发挥，抱怨职务、待遇与自己的才能不相称。而聘用能力仅及他们70%的人才，他们往往没有一流人才那么傲气，却有一股子偏要与“一流”人才较较劲儿，比一比谁干得更好的劲头。他们重视公司给予的职位，珍惜有可能脱颖而出的机遇，渴盼干出实绩，以显现自己的聪明才智，得到上级和同人的认可和赏识。

松下幸之助先生认为：“世人没有十全十美的事情，只要松下公司能雇用到70分的中等人才，说不定反而是松下公司的福气，何必非找100分的人才不可呢？”松下幸之助本人就认为自己不是“一流”人才，他给自己打的分数也只是70分。

随着市场竞争的日趋激烈，人才的竞争也随之升温，用人单位在人才的招聘与使用上呈"三高"趋势：

一是在学历上争高。一些企业不管实际情况和岗位的需求，招聘人才一律要求本科生以上学历，甚至有些单位招聘办事人员、文秘人员也非本科生不可。

二是在专业上选高。不少企业在招聘人才时，在注明所需专业的同时，还附加上一些条件，诸如，要求懂财会、会电脑、懂法律、精英语（六级）等等。固然一专多能的复合型人才是现代企业所必需的，但这些拔尖人才毕竟有限，对专业要求过高必然会给招聘工作带来较大的困难。

三是在职称上求高。一些企业招聘人才时，十分注重人才的工作经历和职称高低，一些工作经验丰富、职称高的人成为用人单位的"抢手货"，一些职称不高而操作能力强的实用型人才却被冷落一旁，找不到用武之地。

时下，这种片面追求高、精、尖的用人观，非"100分"不用的用人观，其所带来的负面效应，也是十分明显的。

一是加剧了高层次人才的紧张状况。由于大家对引进人才的盲目攀高，使得本来就有限的高层次人才资源显得更加紧张，特别会使经济欠发达的地区陷入人才"引不进，留不住"的恶性循环之中。

二是影响了人才的合理配置。大家都来抢高层次人才，势必会造成低层次实用型人才的闲置和浪费，给社会造成新的就业压力。同时还会导致高层次人才低就，造成人才"高消费"，人才作用得不到充分发挥等问题。

三是误导了人们的教育观念。由于用人单位招聘时只注重"三高"，导致人才片面追求学历、专业和职称，极易走进"重学历轻实

绩、重资历轻水平、重知识轻能力"的误区，同时也给目前国家倡导的
应试教育向素质教育转化的改革带来负面影响。

诚然，高层次优秀人才、高新技术人才是人才队伍中的精英，事关
企业发展的大局，但是我们的用人单位在注重引进高层次人才的同时，
也应学一学松下幸之助的"70分"用人观。

◆ 认真倾听雇员的不满

松下的处事方式很民主，虽然他贵居松下电器"王国君主"的高
位，但他从不骄横和专权。他重情懂理，他倡导言论自由，主张各抒己
见，鼓励员工提意见，提建议；他要求下属不要盲目服从。他一直尊重
部属意见，尤其喜欢直率坦诚的态度，即使是对领导不满，也要坦诚说
出来。

曾经，有位候补员工质问松下："我在本公司已经服务多年，自
认为对公司有足够的贡献，早已具备了三等社员的资格。不知为什么还
没有接到升级令？"当时的公司对员工的职级分一等社员、二等社员、
三等社员以及候补社员4个等级。松下听了这位员工的话，立即指示人
事部门调查。结果发现人事部门漏办了升级手续，便马上发布了升级命
令。松下当即表示很欣赏这种坦白的请求，并责令人事部门检讨自己的
工作。

在大约同一个时候，某位员工向人事主管申请辞职。虽然他没有说
明辞职的理由，但据推测，也是由于盼望已久的升级令迟迟未见发布的
缘故。

松下决定利用这两件相继发生的事情，进一步阐明开诚布公的精
神。就在这两件事情发生不久后的一次会议上，松下向大家说："坦白

地把不满表露出来，心中完全不存芥蒂，这种做法才合乎松下电器公司的传统精神，希望大家都能记住。"

治水宜疏不宜堵，治理员工的不满情绪也是如此。不满的情绪是一种正常的心理情绪，当员工认为他受到了不公正的待遇时，就会产生不满情绪，这种情绪有助于缓解心中的不快。不满并不可怕，可怕的是管理者没有体察到这种不满，或者对不满反应迟缓，从而使不满的情绪蔓延下去，最终导致管理更加混乱与矛盾的激化。

员工可能会对很多事情产生不满。只有找到问题的症结，才能对症下药。在调整阶段，令员工产生不满的问题一般有如下几类。

（1）薪酬问题。薪酬直接关系着员工的生存质量，所以薪酬问题肯定是员工不满最多的。比如，本公司薪酬与其他公司的差异，不同岗位、不同学历、不同业绩薪酬的差异，薪酬的晋升幅度、加班费计算、年终奖金、差旅费报销等都可能成为不满的原因。

（2）工作环境。员工对工作环境和工作条件的不满几乎能包括工作的各个方面，小到公司信笺的质量，大到工作场所的地理位置等都可能涉及。

（3）同事关系。同事关系的不满往往集中在工作交往密切的员工之间，并且部门内部员工之间的不满会更加突出。

（4）部门关系。部门之间的利益矛盾，部门之间工作衔接不畅，也会导致员工不满情绪的产生。

（5）信任问题。在调整阶段，公司的政策更新往往很快，让员工产生"朝令夕改"的感觉，从而对公司失去信任。

（6）管理问题。在调整时期，既定的工作流程、岗位责任、规章制度等可能得不到很好的贯彻执行，管理者则因为某些方面的原因没有发现或纠正这种现象，员工就会认为公司"有令不行""有禁不止"。

（7）期望问题。员工本人除了在薪酬、工作环境、同事关系、部门关系等方面对组织有所期望，如果现状与其希望不符，也可能因为失望而产生不满情绪。

把不满说出来是一种发泄。当员工认为自己受到了不公正待遇时，会采取一些方式来发泄心中的怨气，把不满说出来是一种最常见、破坏性最小的发泄方式。伴随着不满，可能还会出现降低工作效率等情况，有时甚至会出现拒绝执行工作任务，破坏公司财物等过激行为。当然，大多数的发泄一般只停留在口头的不满和影响工作情绪。随着时间的推移或问题的解决，情绪平稳下来时不满也会随即消失。

不满还具有传染性，虽然刚开始可能只是某个员工不满，但很快可能会有越来越多的员工不满。这种现象并不奇怪，因为不满者在不满时需要听众，并且要争取听众的认同，所以他会不自觉地夸大事件的严重性和范围，并且会尽力与听众的利益取得联系。在这种鼓动下，自然会有越来越多的员工偏听偏信，最终加入不满的行列。

不满与员工性格有关，这种相关性可能要大于与事件的相关性。同样一件不公的事情，不同性格的人的情绪波动程度有很大区别。有时我们会发现在公司里，总有几个员工喜欢不满，甚至对任何事情都不满意，或为一件小事就可能大动干戈。

1.如何处理员工的不满

公司可能根据经营方向、业务内容等方面的变化，做出人员或业务策略的调整。员工可能因为对调整的不适应或不理解，产生不满情绪，如果处理不当，可能造成人心浮动，影响公司的正常运营。那么，如何妥善处理呢？

对于员工的不满，管理者应认真倾听、及时核查，对能够解决的问题及时处理，暂时不能解决的给予解释，消除不满情绪。

（1）认真倾听，争取员工信任。不满者需要听众，而听众往往是他最信任的人。可以找一个单独的环境，让他无所顾忌地发泄不满，管理者所需要做的就是认真倾听他不满的原因。这时工作已经成功了一半，因为管理者已经获得了他的信任。

（2）了解起因，正确判断是非。除了从不满者口中了解事件的原委以外，管理者还应该听取其他员工的意见，以正确判断孰是孰非。在事情没有完全清楚之前，管理者不应随意发表言论。过早的表态，只会使事情变得更糟。

（3）平等沟通，阻止情绪扩散。对不满者要平等地进行沟通，使其平静下来，再采取有效的措施，对其问题做认真、耐心的解答，并对不合理的不满进行友善的批评。

实际上，80%的不满是针对小事的不满或是不合理的不满，它来自员工的习惯或敏感，对于这种不满，可以通过与不满者平等沟通来解决。管理者首先要认真听取不满者的不满和意见；其次对不满者提出的问题做认真、耐心的解答，并对员工不合理的不满进行友善的批评。这样做就基本可以解决问题。

（4）果断处理，妥善解决问题。对管理混乱引起的不满，应及时规范工作流程，解决管理混乱的根源。对员工失职引起的不满，要及时对当事人采取处罚措施，尽量做到公正严明，有理有据。

需要做出处理的不满中有80%是因为管理混乱造成的，由于员工个人失职只占20%，所以规范工作流程、岗位职责、规章制度等是处理这些不满的重要措施。在规范管理制度时，应采取民主、公开、公正的原则。对公司的各项管理规范首先要让当事人参加讲座，共同制定。对制定好的规范要向所有员工公开，使其深入人心，只有这样才能保证管理的公正性。

2.处理不满"四不要"

（1）不要忽视。不要认为如果你对出现的困境不加理睬，它就会自行消失。不要认为如果你对雇员奉承几句，他就会忘掉不满，会过得快快活活。事情并非如此，没有得到解决的不满将在雇员心中不断发热，直至沸点。他会向他的朋友和同事发牢骚，他们可能会赞同他。这就是真正遇到麻烦的时候——因为忽视小问题，结果让它恶化成大问题。

（2）不偏不倚。掌握事实，掂量事实，然后做出不偏不倚的公正决定。做出决定前要弄清楚雇员的观点。如果对不满有了真正的了解，或许就能够做出支持雇员的决定。在有事实依据、需要改变自己的看法时，不要犹豫，不要讨价还价，要爽快。

（3）不要回避。要永远敞开大门，要让雇员总能找得到你。不要对不满置之一笑，这样下属可能会从不满转变为愤恨不平，使生气的雇员变得怒不可遏。在你答复一项不满时，要触及问题的核心，要正面回答不满。不要为了避免不愉快而绕过问题，要把问题明说出来。你的答复要具体而明确，不兜圈子。

（4）不要发火。认真倾听雇员的不满，不仅表明你尊重雇员，而且还能使你有可能发现究竟是什么激怒了他。

"把不满说出来"成了松下的口头禅，也是松下电器的传统。正因为如此，松下电器公司人际关系多了和谐，少了矛盾，也让上下级之间有了更多的沟通，减少了隔阂。这样公司与员工之间便多了理解，少了冲突。

松下常常教导他的各级主管，企业不能失去豁达的风气，领导不能没有宽广的胸怀。松下最担心，公司规模扩大以后，部门繁多、阻塞言路，产生官僚作风。所以，在一次会上，松下说：从善如流，才能使企业兴旺。

◆ 如何扮演好严父和慈母的双重角色

松下对他的企业精神、公司经营方针等原则性问题看得很重，不允许任何人违背或玷污。在一次有7300名管理人员参加的经营方针发表会上，怒气冲天、大动肝火的松下，赶在山下社长发表经营方针之前，一反惯例，率先上台发言，前后长达一个半小时之久。与其说是在鼓励，不如说是在怒斥。松下说："最近，听说有几名职员说：'松下电器不能成为金太郎糖。'简直是岂有此理，说出这样的混账话。为什么'金太郎糖'不行呢？松下精神不就是要所有成员团结一致，坚如磐石吗？我希望我们记住这个出发点。"

金太郎糖是一种圆棒状糖，无论怎样切，断面上都有金太郎的脸。金太郎是日本民间传说中的英雄。由松下精神塑造出来的松下人，似乎都是一个脸孔，给人缺乏个性的印象，于是，有人将松下人比作"金太郎糖"。松下对此比喻并无反感，反倒觉得这就是松下精神——团结得像一个人一样。但是，有些高层主管人员在接受报纸等新闻媒体采访时竟说："必须突出个性，应该更合理些。"松下对此很恼火。换言之，这不是明摆着把松下倡导的精神抛诸脑后吗？这次他之所以发怒，是因为他觉得这样下去很危险，松下精神一旦丢掉，这个庞大的大厦就有崩溃之虞，不得不时时提醒人们注意。所以，当事后有记者询问松下当时为什么发火时，松下说：我只是想让大家明白我在发脾气。严父的形象跃然纸上。

其实，更多的时候松下很随和，一副和蔼可亲的长者模样。他能成功地做到与最基层的员工沟通。这一平易近人的特点，又给了他许多实际的便利，使他对基层的情况十分了解。他的领导作风，不像西方企业领袖的普遍做法：坐在金字塔的顶端倾听来自各方面的情况汇报。他喜欢跑基层，下工厂，深入实际，这与他在创办企业时期身先士卒的工作风格不无关系。他的"参与"意识非常强烈，他从不满足于纸上谈兵，一有机会就会"插手"某个事业部门的具体经营。但他又不是以高高在上的总裁身份出现，而是把自己放在与对方平等的地位，至多在年龄上会自然而然地表现出一点儿"长者"的滋味。所以，他的出现，部长们并无"不适应"的反应，据说，在"合作"过程中心情都很愉快。使用电话与各部门保持密切联系也是松下"参与"意识的另一表现，高桥也一样。不管白天或晚上，他们会经常打电话给现场的主管，如果他们一两天未曾亲自和每个部门的主管谈话或打电话，那是很不寻常的事。结果，公司的高层部长们也养成了和他们一样的习惯，也经常插手重要事务，或是指出一些未受到注意问题的严重性。这种管理方式不仅减少了官僚主义和不切实际的空谈，也有利于沟通与下属的感情。

一个企业管理者要做到令出必行，指挥若定，必须保持一定的威严。

道理很简单，在领导与指挥业务上，没有令对方与下属感到畏惧的威慑力是不容易尽责称职的。单是有一张和蔼的脸，靠一番美丽动听的言辞所起的推动作用，可以说非常有限。

商场如战场，《孙子兵法》中有个关于"三令五申"的典故可以拿来借鉴。

当年吴王委派孙子训练宫中嫔妃一班娘子军。起初，嫔妃们觉得好玩，视同儿戏，成天嘻嘻哈哈。孙子一再劝说，并告诫不听命令将要严惩，但没有人相信。其中，吴王最宠爱的两个妃子最是不听命令，拿孙子的话根本不当回事，结果三日过去，孙子行使无情军法，斩掉了那两个妃子，宫妃们不寒而栗，立即军容整顿，一切井井有条。

当然，威严也不等于恶言相向，整日破口大骂，板着面孔训人。只是在工作时对待下属必须令出法随，说一不二。发现了下属的差错，决不姑息，立即指正，限时纠正，不允许讨价还价。要让下属滋生敬畏之心，才会使指挥者威风凛凛，在万马千军冲锋陷阵的商战中指挥自如。

威严始终是领导层人士的一种气质。

作为企业的领导，要实现自己的意图，必须与属下进行沟通，而富有人情味就是沟通的一道桥梁，可以有助于上下双方找到共同点，并在心理上强化这种共同认识，从而消除隔膜，缩小距离。

有许多身居高位的人，会记得只见过一两次面的下属名字，在电梯或门口遇见时，点头微笑之余，叫出下属的名字，会令下属受宠若惊。

富有人情味的领导必是善待下属的。

领导要使下属心悦诚服，一定要恩威并施。

所谓恩，不外乎亲切的话语及优厚的待遇，尤其是话语。要记得下属的姓名，每天早上打招呼时，如果亲切地呼唤出下属的名字再加上一个微笑，这名下属当天的工作效率一定会大大提高。他会感到领导是记得我的，我得好好干！

对待下属，还要关心他们的生活，聆听他们的忧虑，他们的起居饮食都要考虑周全。所谓威，就是必须有命令与批评。一定要令行禁止，不能始终客客气气，为了维护自己平和谦虚的印象，而不好意思直斥其非。必须拿出做领导的威严来，让下属知道你的判断是正确的，必须不折不扣地执行。

领导的威严还表现在对下属布置工作、交代任务上。一方面要敢于放手让下属去做，不要自己包打天下；另一方面在交代任务后，还必须要检查下属完成的情况。

将恩与威调成一杯鸡尾酒，和自己的下属碰杯，才能驾驭好下属，发挥他们的才能。

用恩，就要对下属贴心。所谓"贴心"，简单地说就是"体贴关心"，一颗主动关怀对方的心和耐心倾听对方心声的心！这是在感情上和下属交流，这么做，对方会感受到一种温暖而不是压迫的感觉。如果你对他的心思有所了解，那么不可表现得太多，也不可表现得太深，而且应针对无关紧要的事来表现。其他的，装作"鲁钝"好了。而为了"鲁钝"的必要，有时候还要在恰当的时刻表现你的鲁钝，也许他会对你的鲁钝不以为然，但对你却是绝对放心；不过，在态度上仍要表现出和他的"贴心"，否则你和他的关系就会产生变化。

松下常说："大家都推心置腹，坦诚相见，互相了解对方的长处和短处，怀着这样的心情与周围的人们相处，是合作共事顺利前进的重要保证。"

远道而来的地方子公司经理，在汇报完工作后，常有一种忐忑不安的心理，担心自己的工作经不起"经营之神"的检验。事实上，松下并不是爱挑毛病的人，他总是先以赞赏的语气对经理的工作加以肯定，然后再指出今后工作中应该注意的一些问题，使人听起来十分顺耳。这大概也是松下的谈话艺术。最使地方经理感动的是松下请客。按理说，这应该是公司业务，公司请客才是正理，而松下不然，他喜欢自掏腰包，将经理们请至家中，设宴招待。在这种家庭氛围中，松下与经理们的关系就不再是一般的上下级关系。而是"亲朋好友"的关系，松下的用意之深令人叹服。

上行下效，松下电器各部部长、子公司经理、工厂厂长以至班长、组长都以模仿松下"为人处世"方式为荣。一位部长说："企业家必须右手掌握合理性，左手掌握人情味。"严父与慈母的形象，连松下电器的部长们也学会了扮演，实在不易，而且他们做得更具体、更实际。

九州松下公司下属的佐贺工厂，最初全是年轻人，平均年龄职工是18.9岁，班长是25岁，组长是23~24岁，村井厂长最大才32岁。村井说："工人的情绪对质量有明显的影响。改善人与人之间的关系是我们日常工作中很重要的一部分。为了做好这一工作，以组长为中心，加上班长，我们一共就十来个人，每隔几天就组织一次家庭走访，每次走访三五家。这成了我们的制度。"后来，佐贺工厂的突出表现，受到了公司的表彰。

一个家庭，严父的呵斥和慈母的关怀是孩子成长的必要条件，缺一不可。松下电器20多万员工，这是个庞大的家庭，但由于松下在这个大家庭中扮演了严父和慈母的双重角色，使得这个大家庭有条不紊，大家齐心协力，松下电器誉满全球。

第五章　如何赢得下属的心

我做不到，但我知道你们能做到。

——松下幸之助

◆ 为人与用人

有一次，松下幸之助在一家餐厅招待客人，一行6个人都点了牛排。等6个人都吃完主餐，松下让助理去请烹调牛排的主厨过来，他还特别强调："不要找经理，直接找主厨。"助理注意到，松下先生的牛排只吃了一半，一定是不好吃，于是就认为过一会儿的场面可能会令厨师很尴尬。

主厨来时很紧张，因为他知道这些客人来头很大。"是不是烹调上出了什么问题？"主厨紧张地问。

"烹调牛排对你已不成问题，"松下说，"但是我只能吃一半，原因不在于厨艺，牛排真的很好吃，但我已经80岁了，胃口大不如前。"

主厨与其他的5位用餐者听了松下先生的话面面相觑，大家过了好一会儿才明白怎么一回事。松下先生接着说："我想当面和你谈，是因为我担心，你看到吃了一半的牛排被送回厨房，心里一定会难过。"

听到松下先生的如此说明，如果你是那位主厨会有什么感受？是不是觉得备受尊重？客人在旁听见松下如此说，更是佩服松下的人格。

什么样的领导最能赢得下属的心？什么样的领导能让下属赴汤蹈火也在所不辞？

这样的问题回答起来说难也不难，说不难，其实很难。松下幸之助之所以被誉为"经营之神"，恰恰是他为人和用人的作风起了相当大的作用。我们不妨做这样一个比喻：当你一个人去奋勇杀敌时，凭的是力气；当你作为将军带领士兵冲锋陷阵时，凭的是勇气；当你统率千军万马转战疆场时，就得靠"人气"。所以人们常说，千军易得，一帅难求，因为能拢得起"人气"的帅才确实是难得的。

可以把松下幸之助的精神归结为创业之道和经营之道，在这里，我更愿意通过他的为人之道和用人之道的精髓，探讨一下他给那些刚刚担任或即将担任领导的青年读者所能带来的启示。

1.就任新职前先提升自己的素质

也许有那么一天，公司人事部门通知你将升任新的职位。你在觉得精神一振的同时是不是会有无所适从的感觉呢？在你就任新职前的这段时间内如何全面提升自己的素质，使自己变得更为成熟和老练呢？

首先要对自己有信心。你被提升这件事实表明你已经足够成熟。虽然，我们每一个人都应该不断提升自己的素质，然而，在提高自己素质的过程中不应该丢掉自己的本色，因为你的提升恰恰是因为本色。

不过有几个方面你也许需要注意一下。

·继续保持你过去做得最好的那一方面。你的提升应该是对你过去成就的延续。在老板对你的期望中，很重要的一部分是希望你进一步扩展你现有的能力。你首先需要工作得像一个财务部负责人那样一丝不苟，而不是把你自己表现得像一个代理总经理那样颐指气使。

·和总经理谈谈他对你的期望。尽管他对你的主要期望是继续做好你过去做得最好的事情，但是，他对你将来的表现还会有其他期望，这一点你应该有一个清楚的了解。你应当和他讨论并制定出一套你未来业绩的评估标准。

·与其他部门的经理多多沟通。在新职位上，你的影响和合作领域都将有所扩展，这些影响和合作范围对你来说可能并不熟悉，你需要学习这些，而最有效的方法之一就是向你的同事们请教。你还需要进一步了解其他部门的运作情况，同时，你还要站在部门经理的角度，了解在你与其他部门之间的合作与协调方面，他们对你的期望，以及他们关心什么，有什么建议，等等。

·你还需要和自己部门的职员谈谈，了解他们的思想、困难、担心、建议和对部门未来的期望。你不需要解决任何问题，你甚至也不需要承诺解决什么问题，因为某些问题的处理也许会超出你的职权范围。关键是要理解他们，以利于你今后工作的顺利开展。

·要想在新职位上脱颖而出，就要跳出本部门的角度去看问题，从公司老板的角度去考虑那些真正与公司整体业务相关的东西。设想一下，如果自己是公司的老板将会怎么做。往往有一些聪明人偏偏在此时会犯糊涂，陷入对公司的整体或长远利益来说并不必要的陷阱之中。

·新官上任应该少说多学，同时，你需要为自己的部门和你所担任的新角色制订出一个切实可行的业务计划，这个计划要显著地服务于你公司的整体利益。此外，你还需要发掘你的部门另外还能为公司做些什么。如果你能和总经理讨论你的计划并征得他的同意，他会非常赏识你。然后，系统地实施你的计划。在此阶段，由于你对公司的整体业务和系统还缺乏了解，采取特别的策略，不仅是出于礼貌，而且是必须的。

2.帮新任经理打开局面

王晔在一家知名的跨国公司兢兢业业工作数年后，有了新的挑战——担任一个部门的经理。开始他很开心，因为这意味着这几年的努力和业绩获得了公司的认可。可过了一段时间之后，王晔感到了一种失落。以前他在技术部门做一项具体的工作，每当他完成了一天的工作之后，总有一种成就感；而现在，别人不再根据他的工作来评估他了，而是根据他发动别人去完成工作的能力来评估他。要知道，有时一天做下来，很可能什么名堂也看不出来，这时候他会感到灰心丧气。有时因为他的支持和鼓励使得部下取得了成功，王晔也会感到和他们一样的欣慰。

很多与王晔类似的专业技术人员在改变职务当上经理时，或多或少地会有一种失落感。其实，从某种意义上讲，他们还没有完成一种从被管理者到管理者的心理转变。希望有同样苦恼的新任经理能从以下建议中获得启发。

学会科学管理。当你在原工作部门内获得提升，成为该部门经理时，你会发现以前相处不错的同事现在会对你冷眼旁观。这时对待他们的最好办法是请他们发表意见，让他们参与有趣的任务和挑战性的工作，尽力让他们担负新的责任。当然，在一个新的公司担任经理则比较容易，因为在那里你可以从头做起。

完成自己的准备工作。尽可能地多了解公司的信息，诸如阅读年度报告，与同事或熟人进行交谈，尤其是非正式的交谈，可以帮助你获得大量的信息。也可以了解一下前任的情况，他的作风如何？是什么原因使他遭到了替代？公司目前在业内的声誉如何？

你的行动计划。你希望达到什么目标？你将采取哪种管理风格？你计划如何改善经理与员工之间的关系？你计划采用什么样的监督检查措施？你打算如何使自己的观点能够被其他人接受？你建议使用哪种信息系统？

管理新员工。尤其是在新员工开始工作的头两周，应尽量花大量时间与他们谈话，了解他们的实际工作情况，尤其重要的是要让他们明白公司对他们的要求，否则这将影响到日后各方面的工作运转。应当记住4个"Re"：

Require（要求），意味着你对下属的要求是什么，你对他们的期望怎样，你打算如何让他们了解到你的要求；

Review（回顾），意味着你打算如何去评估他们；

Reward（酬劳），意味着你将如何去回报那些工作出色并实现了目标的员工；

Respect（尊重），则意味着你打算如何保持整个团队间的尊重和信任。信任意味着责任性、预见性和可靠性；尊重意味着钦佩和赞赏。

3.打造素质魅力，树立个人威信

当你烧过三把火后，下一步所要做的就是通过提升自己的素质，树立个人的威信。以下一些建议会给你带来意想不到的效果。

·树立威信的第一个原则就是做遵守制度的榜样。一个领导者不可以凌驾于制度之上，如果你遵守制度，手下的人不照干能行吗？如果领导者都遵守制度，下级就会步步效仿，人人都会忠实照办。

·优秀的领导应该尽量表扬他的下属的才干和成就，要尽可能地把荣誉让给下级，遏制自己的虚荣心。应该把自己摆在最后面，这样下级就会为你尽心竭力。

·作为一个领导，你要培养你的下属不要只是提出问题，而是要教会他们提出经过深思熟虑能解决问题的办法和建议，这种方法不仅可以节省你的时间，而最重要的还可以培养下级才能。事实上，除非你致力于培养人才，不然你自身是不会得到发展的。一个优秀的领导者在回顾自身的经历时会发现，他最有成果的经历就是培养出了一批人才，如果能为公司培养出一批优秀的管理人员，这对公司将是大有益处的。即使其中有些人已离开本公司而去其他公司发展，他们也不会忘记他们曾是你的兵。

· 不要让自己害怕面对错误，你可能会对某些人企图解脱自己的错误所花的脑筋和时间之多感到惊讶，其实这都是没有必要的。一个人不可能老是正确的，如果自己有60%是正确的，而他又能迅速改进其他40%不正确的，那他就是非常了不起的神仙了。大多数人都尊敬那些直截了当承认错误的人，因为这是真正具备领导才能人物的特点。

· 如果有下属犯错，那就好比把牛奶洒了，反正也不能再喝了。重要的是应该用善意的态度去找出错的人谈话，使他在谈话后下决心不再重犯这类错误。可事实上，当人们碰到这种情况时，往往是狠狠地训斥犯错误的人一顿，其结果，当他离开后必有怨恨之心，这样他一定无心改正他的错误。在你努力营造的环境里，假如下属搞某些革新未能取得预期的效果，你的答复应该是这样的："你们从失败中学习到了什么？那好，就根据学到的东西，继续试验，直到成功为止。"

· 如果作为年轻领导你不能将懒惰的人转变成勤勤恳恳的人，至少也得使他偷懒时感到不自在，别让你身边有懒汉，哪怕有一个也会后患无穷，那样你就别指望其他人也好好工作了。

· 为了能够清晰地思考和快速地决策，领导者应定期要求各部门领导简述本部门的现状，内容大致包含下列几项基本问题：所处的竞争环境如何？最近一段时间，竞争对手有何作为？在相同时期内，你的应对措施是什么？将来他们可能会如何与你竞争？你准备如何超越对手？

· 对本部门工作取得成功要进行庆祝，庆祝活动虽小，但它是成功的一种标志，更是调动下属积极性的一种有效手段。此外，花点儿时间考虑一下哪些地方做对了，以便今后发扬光大。我们都需要享受圆满成功的喜悦，使事业不断进步。

·在很多情况下，尤其是在做决策时，投票表决往往不是一种有效的方法。多数人的意见不一定都是正确的，"真理往往是在少数人手里"。当我们投票表决时，总会有赢者和输者。输者通常都具有报复心理，而且一个存在着赢者和输者的集体肯定会人心不合，也必将注定要失败。在这一点上，新经理们更应该学会问题管理。

·美国著名的管理学家道格拉斯·麦格雷戈对信任下了这样的定义："知道对方不会精心地或偶然地、有意识地或无意识地不公正利用我。此时，我可以完全放心地将我的处境、我的地位和我的尊严置于这个小组中；可以把我们的关系、我的工作、我的职业，甚至我的生活置于对方的手中。"

◆ 适应社会环境的10种能力

日本有一句俗话说："在石头上坐3年。"意思是说，不管石头如何冷，在上面连续坐上3年，也会暖和起来。它说明了修炼的重要性。

松下认为，一个人一旦决心要做某个工作，就一定要安定下来，好好地干3年才行。这样必定有所帮助。即使到后来发现工作不适合自己，有持续3年的工作经验，也绝不是浪费。3年的工作经验，对寻找新的工作大有益处。人人开始上班时，都会问自己"这份工作是否适合我"。这时就要想到"在石头上坐3年"这一句话，先安定下来，努力地工作下去，在工作中找到乐趣。

21世纪，人类开始进入一个崭新的信息化时代，也称为IT时代。在这个时代，人才的竞争显得空前的激烈，那么作为IT时代的人，应该需要哪些能力才能适应现在的社会环境，并最终能走向成功呢？

·较强应变能力。信息时代瞬息万变，要想在这多变的世界中获取成功，就必须要求自己练就一种非凡的应变能力。目前全世界的人都在焦急地等待真正意义上网络经济的到来，随着网络经济泡沫的减少，含金量不断上升，人才的发现—培养—抛弃的循环过程会更快、更强，人才的使用周期大为缩短。在这种变幻莫测的环境中，我们时刻面临着更新自己知识体系的压力。落后就要被淘汰，随着竞争，越来越多的人想尽可能多地获取更有效的信息，来不断补充和完善自己，唯恐自己跟不上信息时代的快节奏。正如很多专家所说，未来的社会中，不再是大吃小而是快吃慢。相对来说，人才竞争中是"人吃人"，"快人"吃"慢人"！高效快捷的信息时代中的主角何以能适应如此快速的节奏？这就需要随机应变的能力，对环境做出适应的调整，以备不时所需。

·沟通交往能力。在信息时代，要想尽快被社会接纳的一个很重要的前提就是，我们必须具有把握信息和获取信息的能力，这种能力要求我们善于交流。因为听得认真，写得明白，看得仔细，说得清楚，叙述准确将具有无可估量的价值。另外，在快节奏的工作环境中，沟通交流的障碍很可能成为致命的问题。这种能力至关重要，有助于收集和获取广泛的知识信息，并对其中的一些知识、思维方法及观察视角加以借鉴，以便引导自己走向未来。

·观察分析能力。现在的社会是一个网络社会，网络看不见摸不着，给人的感觉是虚无的，但又是其实实在在的。而要想在这个社会中获取财富走向成功，就必须有较强的察觉力、分析力和处理能力。在网络经济背景下获得财富，不单是看谁能通过对原有掌握知识的合理应用，而更多是通过捕捉尚不完善的新知识加以创新发展。我们生活在网络时代，要使自己拥有更为敏锐的洞察力，并将这些不完善的新知识转化为创新力。

·开拓创新能力。创新是一个国家一个民族获得进步的充要条件，创新是赢得成功的重要保证。创新能力应该是我们每一个人都必须努力培养的能力。在信息社会的背景下，各种新的知识、新的机遇层出不穷。领导者的思维能力、反应能力、判断能力以及对事业追求的热爱执着程度便成了权衡一个人可用不可用的准绳。今后越来越多的部门将需要既懂理论又有实践经验的人才。

·组织表达能力。的确，网络给我们的交流带来方便和快捷，但不可否认的是网络语言在一种程度上影响我们日常的表达能力和组织能力。此时，我们更应该有意识地加强这方面培养，因为无论到哪儿，组织能力都是领导者必不可少的工作能力之一。工作最有成效的人将是那些懂得如何表达自己思想以得到别人理解与支持的人。

·担负重任能力。压力主要来自工作量的增加和技术革新的速度，生活在信息时代的人，越来越感觉到的工作节奏明显加快。社会发展的速度对青年人来说似乎过于残酷，他们在感受快节奏给人带来成功快感的同时，也要承担激烈竞争给人带来的巨大压力。人才超高速流动对青年人并不公平。他们可能在明天就褪去了青春的光环，同时还要考虑转行，担心被裁。工作的压力、心理承受力，对青年人来说，实在是一大考验。

·业务专长能力。通常，某个人适应社会能力强，仅仅会从他某一个方面做出评价，其实真正适应社会的应该是那些同时具备几种能力或者多种素质的人。本身具备能力和素质越多的人适应能力越强，在信息时代，光有专业技术知识已经远远不够了，我们必须把自己的专业才能与其他才能的运用结合起来。有深厚专业技术的人，必须懂得并运用其他专业技术于本专业。网络时代仅仅能够广泛地收集信息是远远不够的，更重要的是分析信息、运用信息，使信息的价值得到充分挖掘。

·非凡工作能力。在讲究经济效益的市场经济中，每一个企业都希望自己的各级新任领导能很快胜任自己的工作，并在工作中取得好的成绩。这时，工作经验就成为青年人的重要本钱。试想，一个"当一天和尚撞一天钟"的人，从哪里能积累出如此丰富的工作经验。所以，在众多单位或企业的眼里，具有丰富工作经验的人，才能够为企业创造骄人业绩。

·团结协作能力。信息时代的社会分工越来越细，某个工程或者某个项目通常需要若干人通力协作才能完成。团队精神，不仅表现一个人的品质，而且是高质、高效出成果的前提和保证。事业发展，团结协作高于一切。所以，现在企业喜欢具有较强适应能力，富有团队精神的实干家。

·较强适应能力。适应能力是基于工作环境变化的一种应变能力，是分析、写作、推理、管理等各种综合工作能力的组合。在高效快捷的信息时代，任何一个人的工作都不是一成不变的，会随着时代的节奏而不断地进行调整。在"调整"的过程中，每个人一生不可能就单纯地只会某一种职业，在企业和行业不断更新交替的今天，我们个人的学习技能和个人特质在不断更新的职位中发生变化。而要想成功地适应不断运动的社会，我们青年人的思想、工作能力也必须处于"调整"之中，而"调整"的能力就是我们所说的适应能力。这种能力对于那些想充分展现自我的青年人来说，更是重中之重。

◆ 新任领导人易犯的错误

对于干部，松下既有急风暴雨式的训词，也有借物喻理式的娓娓道来。松下以这种方式培养了一批高级管理人才。

松下叫青沼陪他散步，其间他指着远处问："站在这里能看到方圆一里的景物，那么一里之外呢？还能看到什么？"

这个话就很难讲了，青沼一时语塞。

松下接着说："能看到方圆一里，就能看到方圆十里。这个问题可以有三种回答：一种人说'看不到了'，这是最差的回答。这种人故步自封。第二种人说'看得到'，这是普通的人，他仅是认为有看得到的可能，却不能描述他的所见。最后一种人说'能看到方圆十里，并知道那里既有风光无限，也有可怕的陷阱'。这是最聪明的回答。"

当你在工作上希望大显身手的时候，不幸的是你管理的部门工作绩效下降了，你应有的能力没能发挥出来，下属们怨声载道，要领导重新安排负责人主持大局，事情似乎变得一团糟。这没有关系，只是你的经验不够。你可能尽职尽责地完成了自己的工作，但你不一定完全懂得如何去管理别人，因为你犯了新任领导人常犯的一些错误。我们在这里列举一些新任领导易犯的错误，希望你不要重蹈覆辙。

·缺乏自律。下属都是留意着上司的表现来行事，如果公司要求早上准时上班，作为小组领导人，你又是在何时赶到公司的呢？若你也在电脑上安装了QQ，同事也不会觉得用工作时间玩QQ是不应该的。

·判断错误。有些新任领导难以管理别人，是因为他们在做决定时，往往是行动之后才思考，或是未有足够资料就下决定，甚至以感性判断先行。结果是很多决定要更改，下属被带领着团团转。处理方法很简单，就是当你以后每做一个决定前，先问3个问题：这种做法对公司有利吗？这种做法对下属有利吗？这种做法对你作为新任领导的未来发展有利吗？

如果以上任何一条问题的答案有"不"的时候，你都要从头再想。

·松紧难定。你不知道在管理上何时要"紧"，何时要"松"。管得太严，凡事要听你指挥，不敢自己发挥；管得太松时，下属又会因为缺乏指导而感到不受关注。所以你要在给予工作时，先与负责的下属商议，建立共识，在适当时候了解下属的进度，主动给予指引。

·做得太多。这是许多新任领导常犯的错误——因为自己盲目地认为下属做得不够好，所以就拿来亲自做。再好的领导也不可能自己做好10个人才能做的事，而能指挥10个人做好他们应做的事。所以，你应花时间去教下属做好自己的工作，那是他们的职责。你的工作就像一个导师。

·管得太细。有些新任领导自信找到了一套好方法，便硬要下属按他的那一套去做。下属如果想用其他方法也能达到相同的目的，何不让他一试呢？别扼杀创意，在新经济时代，这是很大罪过。

·一套标准。美国NBA篮球教练在训练运动员时常常会说："I will not treat every body the same,but I will treat every body fair（我不会对每个人都一样，但我对每个人都一样公平）。"这一策略绝对适用于管理员工，不要以同一方式管理所有员工。

·抱怨太多。一旦成为领导，失去的第一项权利，就是随意批评公司的政策。因为你的角色已变为政策执行人，即使有不满也不宜在下属面前抱怨，因为下属是你的跟随者，你有不满时，如何还能要求他们尊重公司的决定？就像足球比赛一样，教练如果对裁判不满而骂裁判，球员就敢动手打裁判。

·逃避决策。领导要每天面对各种人和事发生的问题做出决策，这是天经地义的。有些情况确是难题，但如果采取"拖字诀"把事件搁置起来，还自认为是"冷处理"，往往会导致麻烦更多，不仅令自己大为失分，也会令别人大失所望。

·急于求成。有些新任领导刚到位，就迫不及待地渴望多有点表现，让上司和下属都能欣赏一下自己的非凡才能。下属对这类领导通常都会有负面的看法，怕他"骑"着别人往上爬。其实，在你晋升的同时，也应考虑着与其他下属一同进步。

·自我膨胀。升职随之而来的，就是高一级的职位带来的好处，例如，多几天假期、有某些特权、下级对你的态度较客气等。有人在享受之余，勉励自己更上一层楼；但也有人开始自我膨胀，"屡犯众怒"却疏于改进，结果当然是"行人止步"。

◆ 松下幸之助的用人精髓

松下幸之助曾经指出：运用超人的智慧与领袖气质，有效地领导下属实现目标，是领导者应有的素质。但有一种领导者，他自认能力不足，自己又体弱多病，所以使用不同的领导方式，他的方式是向下属求助，请求下属提供智慧。一句话，就是充分利用员工的智慧。

松下先生还说过，当他的员工有100人时，他要站在员工的最前面，以命令的口气，指挥下属工作；当他的员工增加到1000人时，他必须站在员工的中间，诚恳地请求员工鼎力相助；当他的员工达到1万人时，他只要站在员工的后面，心存感激就可以了；当他的员工达到5万或10万人时，除了心存感激还不够，必须双手合十，以拜佛一般的虔诚之心来领导他们。

松下的这一段话，充分表达了他"用人之道"的精髓。

著名管理顾问尼尔森提出，未来企业经营的重要趋势之一，是企业的经营管理者不再像过去那样扮演权威角色，而是要设法以更有效的方法，间接引爆员工潜力，创造企业最高效益。为此，他拟定了激励员工士气、引爆员工潜力的10大法则：

·亲自向有杰出工作表现的员工表示感谢，并一对一地致谢，甚至是书面致谢；

·多花一些时间倾听员工的心声，这种方式的作用不亚于奖金的作用；

·对个人、部门及公司有杰出贡献的员工要给予实实在在的奖励；

·积极创造一个开放、信任及有趣的工作环境，鼓励出新点子和工作上有进取心；

·让每一位员工了解公司的收支情形、公司的新产品和市场竞争策略，讨论每位员工在公司所有计划中所扮演的角色；

·让员工参与决策，尤其是那些对他们有影响的决定；

·肯定、奖励及升迁都以个人工作表现及工作环境为基础依据；

·创造条件，让员工对自己的工作和工作环境有归属感；

·向员工提供学习新知识和锻炼的机会，告诉员工在公司的大目标下，管理者将帮助其完成个人目标，努力建立与每位员工的伙伴关系；

·及时庆祝成功，对公司、部门或个人的创造性劳动或出色表现和杰出贡献，应花一定时间为他们举办激励大会或表彰活动，既让表现优秀者扬眉吐气享受荣耀，又为同伴树立赶超目标和榜样，弘扬奋发向上的群体创业正气。

尼尔森特别强调，赞美员工需符合"即时"原则：企业经营管理者应尽可能在每天工作结束前，花上短短几分钟写个便条对表现好的员工表示称赞，或者通过走动式管理的方式看看员工，及时鼓励员工；抽空与员工一起吃个午餐、喝杯咖啡；表扬宜公开、指责要私下。总之，管理者只要多花一些心力，员工就能从中受到莫大的安慰和鼓舞，从而使工作成效大幅提升。

无独有偶，松下公司秉承了它的创始人——松下幸之助的用人之道，于2003年公布了该公司沿用多年的"员工管理二十一条"。这二十一条是：

（1）让每一个人都了解自己的地位，不要忘记和他们讨论他们的工作表现。

（2）给予奖赏，但要与成就相当。

（3）如有某种改变，应事先通知。员工如果事先接到通知，工作效率一定比较高。

（4）让员工参与同他们切身利益有关的计划和决策。

（5）信任员工，赢得他们的忠心和信赖。

（6）实地接触员工，了解他们的兴趣、习惯和敏感的事情，对他们的认识就是你的资本。

（7）聆听员工的建议，因为他们也会有好主意。

（8）如果有人举止怪异，就该追查。

（9）尽可能委婉地让大家知道你的想法，因为没有人喜欢被蒙在鼓里。

（10）解释为什么要做某事，如此员工会做得更好。

（11）万一犯了错误应立即承认，并且表示歉意；如果推卸责任，责怪别人，一定会被人瞧不起。

（12）告诉员工他所担负职务的重要性，让他们有安全感。

（13）提出建设性的批评，批评要有理由，并找出改进的方法。

（14）在责备某人之前先指出他的优点，表示你只是希望帮助他。

（15）以身作则，树立好榜样。

（16）言行一致，不要让员工弄不清楚做什么。

（17）把握住每一个机会，表明你以员工为骄傲，这样能使他们发挥最大的潜力。

（18）尽可能安抚不满情绪，否则所有的人都会被涉及。

（19）假如有人发牢骚，应尽快找到他的不满之处。

（20）制定长短期目标，以便让员工据此衡定自己的进步。

（21）支持你的员工，应有的权力和责任是不可分的。

在这二十一条中，仅有两条提出要进行奖罚，而且提出奖罚要适当，其余十九条，全部是从尊重、爱护员工积极性的角度出发的。松下公司的成功不仅是经营战略的成功，而且是用人之道的成功，因为再好的经营战略，没有广大员工的积极性予以支持也不会成功。因此，可以说松下公司的成功是松下幸之助先生员工管理原则的成功。

在这里，我们不必去考证尼尔森和松下谁先谁后提出了用人和管人的原则，单从内容上看，这两位大师提出的原则竟有异曲同工之妙，而且是那样的吻合。可见，不论是哪个国家，经营大师的用人原则都是相同的。

◆ 以身作则是年轻领导的必备素质

身为领导，应为自己的失职负起责任。唯有认清自己的职责，才能更好地完成任务。

公司开工的头一天，为了以身作则，松下抱着绝不迟到的决心，站在"梅田车站"前，等公司派车来接。然而，左等右等不见车子来，只好搭电车。而电车刚要开动时，就看到公司车子来了，他赶紧跳下电车，坐上车子，急奔公司，但还是迟到了10分钟。原想在战后复兴的头一年，现身说法必须贯彻公司制度，却因此遭到了挫折。经查，车子延误的原因只是因为有关人员的一点小小的疏忽。

松下深切感到自己必须为那些期盼中的员工们以及公司，负起未能尽到的责任。于是，他命有关的8名人员减薪1个月，身为社长的他，也以监督不周将当月薪俸全数奉还公司，并在早会上公布了这项决定，同时表示谢罪。

年轻的领导者必须有真诚的信念与态度，这样才能让下属心悦诚服地服从自己的领导。现在的社会与过去大不相同了，时代潮流在变，人们不再崇尚资历等，而是更加看重关系。换句话讲，人们崇尚领导与下属的关系，不再是金字塔般的一级压一级的上下级隶属关系，而是像太阳系那样行星与恒星相互吸引的关系。

年轻领导务必清楚：你对工作应是什么态度？对员工应是什么态度？员工对工作为什么是这种态度？员工对你为什么是这种态度……

因此，请记住这10条！

·凡要求下属做到的，领导者必须率先做到。榜样的力量是无穷的。孔子说："其身正，不令而行；其身不正，虽令不从。"

·下属有意见，不一定是坏事；领导者一到场就鸦雀无声，不一定是好事。

·聪明的领导者决不事必躬亲，而是运筹帷幄。

·用贬低集体或他人的手段是无法树立自己威信的。

·切莫对以下人委以重任：对领导者只报喜不报忧的人；当面吹捧领导，却从不当面提出批评意见的人；对待领导者与下属，持两种截然相反态度的人；专谈他人缺点而不谈优点的人；每次好处都想得到，只要一次得不到就翻脸的人。

·有的下属虽缺点不明显可也找不到突出的优点；有的下属虽缺点明显，但优点也很突出。相比之下，后一类下属往往会将工作干得更加出色。

·与其用权力影响下属，不如用行动影响下属。

·下属不同于机器，不是在做机械运动，他们的活动轨迹千变万化：情绪愉快时，即使脏累繁重的工作也无怨言；心境不佳时，哪怕是举手之劳也要算计。领导者的重要职责之一是营造融洽的人际交往氛围。

·人在没有当权时，都厌恶拍马屁者，但一旦当权，又都喜欢拍马屁者。务必记住：拍马屁者的真正目的是自己上马。

·下属可以接受严厉的制度和工作的辛劳，但难以忍受对人格的侵犯。

不过，做领导的一定不能忘记我们在前面讲过的，那就是既然是当"官"，就一定要带"兵"。"兵"的素质高低，全在于"官"会不会带，选什么样的兵就看当官的人水平高低了。就像松下先生会用人一样，要把自己的下属培养成"特别能战斗的部队"，那就一定要为自己的下属定下一个较高的标准。下面一些标准，被企业界公认为是高素质、受欢迎的人才必备的品质。

·有进取心与责任心。进取心是使员工具有目标指向性和适度活力的内部能源，认真而持久的工作是事业成功的前提，而具有进取特质的员工也就具有了事业成功的心理基石。责任心强的人常能够审时度势选择适度的目标，并持久地、自信地追求这个目标，责任心强的人容易事业成功。

·有自信心。自信为在逆境中开拓、创新提供了信心和勇气，也为怀疑和批评提供了信心和勇气，自信常常使自己的好梦成真。没有信心的人会变得平庸、怯懦、顺从。喜欢挑战、战胜失败、突破逆境是自信心强的特点。

·有自我力量感。虽然人的能力存在差别，但只要具有中等程度的智力，再加上善于总结经验、教训，善于改进方法和策略，那么，经过主观努力之后，许多事情是能够完成的。因此，可以把成功和失败归因于努力水平的高低和工作方法的优劣。

·能自我认识和自我调节。了解自己的优势和短处，与企业环境的关系，善于调节自己的生涯规划、学习时间等。

·情绪稳定性强。稳定的情绪对技术性工作有预测力。冷静、稳定的情绪状态为工作提供了适度的激活水平。焦虑和抑郁会使人无端紧张、烦恼或无力，恐惧和急躁易使人忙中出乱。

·社会敏感性强。对人际交往的性质和发展趋势有洞察力和预见力，善于把握人际交往间的逻辑关系。行动之前要思考行为的结果，设身处地地想一想他人处境，乐于与人交往，能设身处地地体察他人的感受。

·社会接纳性强。在承认人人有差别和有不足的前提下接纳他人，社会接纳性是建立深厚的个人关系的基础。真诚对他人及他人的言语感兴趣，言语表达时认真倾听并注视对方。

·社会影响力强。有以正直和公正为基础的说服力，有使他人发展和合作的精神，有一致性和耐力。善于沟通和交流。具有自信心、幽默等对情感的感染力，仔细、镇静、沉着等对行为的影响力，仪表、身姿等对视觉的影响力，忠诚和正直等对道德品德的感染力。

·喜欢自己的职业。能够有所成就的员工大多是因为从事自己喜欢的职业，即使薪金不高，但乐而不疲，从中能得到一种内在的满足，从而积蓄一种巨大的潜力。

· 注重团队精神。现代科学技术日新月异，要求员工通力合作，才能把工作做好。能力再强的人，孤家寡人作战也不可能取得事业的成功。特别是现代企业，讲求集团式的经营，更注重团队合作精神。

· 不低估自己。潜力往往是人们没有表现出来的能力，也往往不被自己所发现，只有在适当的时机才会表现出来。

· 敢于担风险。有些员工宁可稳中求生，也不敢越雷池一步，这样的人绝不会成就大的事业。敢于担风险的员工，行动前会深思熟虑，工作中会竭尽全力，这样才能成为企业培养干部的苗子。

· 与自己而不是与他人竞争。优秀的员工会更注意提高自己的工作能力，他们更关心的是怎样按照自己的高标准努力，而不是只把眼睛盯着竞争者。

· 善于生活。许多成绩优秀的员工不仅对工作热忱，同时，也会安排好家庭生活，这样才能让自己更好地工作。

综上所述，如果拥有这样素质的员工，绝对是企业的造化，更是年轻领导的福气。不过，就像去完成某种事业一样，不下功夫是培养不出如此高标准、高素质的员工的。

◆ 用关心调动下属的积极性

松下曾经说过，经营者必须兼任端菜的工作。这句话的意思并不是说让经营者要亲自去端菜，而是应该随时怀有此种谦逊的态度，对努力尽责的员工，要满怀感激之情。只要心怀感激，在行动之中便会自然地流露出来，这么一来，员工当然会振奋精神，因而更加努力去工作以作为回报。

身为年轻领导，你对手下员工的这些需求能有一个基本的了解吗？

美国著名的调查咨询机构盖洛普公司一项问卷调查显示，员工除了薪酬和福利待遇以外的需要，还有其他方面的需求。研究人员通过对参加调查员工的问卷进行分析和比较，得出以下12个需求：

（1）在工作中我知道公司对我有着什么样的期望；

（2）我为把工作做好，公司能给我配备所必需的器具和设备；

（3）在工作中我有机会做我最愿意也是最擅长做的事；

（4）在过去的一周里，我出色的工作表现得到了承认和表扬；

（5）在工作中我的上司把我当作一个有用的人来关心我、帮助我；

（6）在工作中有人常常鼓励我向前发展；

（7）在工作中我的意见总是会有人听取，因为我的工作环境民主气氛很浓厚；

（8）公司的使命或目标不仅没有使我感到压力，反而使我感到工作的重要性；

（9）我有一个良好的工作氛围，因为我的下属也在致力于做好本职工作；

（10）我在工作中经常会有一些最好的朋友与我谈论我们共同关心的事情；

（11）在过去的半年里，有人跟我谈起过我的进步；

（12）我在工作中有学习和升迁的机会，所以我愿意竭尽全力地工作。

这些需求集中体现了现代企业管理中员工管理的新内容。而且，这也成为检验一个领导者是否能从满足员工的需求上，激励员工焕发工作积极性的有效手段。

但作为领导，你仅仅了解职员的内心愿望还不够，不要以为多发奖金、多说好话就能调动员工的积极性。人是一种很复杂的东西，要让他们努力工作，需要你施展更细微的手段。

还有几个方法可以让下属的需求获得充分满足，同时又能激发他们的热情和干劲，提高工作效率。

·向他们描绘远景。领导者要让下属了解工作计划的全貌及看到他们自己努力的成果，员工越了解公司目标，对公司的向心力越高，也会更愿意充实自己，以配合公司的发展需要。所以领导要弄清楚自己在讲什么，不要把事实和意见混淆。要不断提供给他们与工作有关的公司重大信息。若是不能充分地"上情下达"，员工很可能浪费时间和精力去打探小道消息，当然也就不能专心地投入工作。

·授予他们权力。授予不仅是简单的封官任命，领导者在向下属委派工作时，也要授予他们根据意外情况处理事情的必要权力，否则就不算真正的授权。因此，既然要授权，就要帮被授权者清除心理障碍，让他们觉得自己确确实实是在"独挑大梁"，是在肩负着一项完整的职责。

授权的要点是让所有的相关人士都知道被授权者的权责；另一个要点就是，一旦授权之后，就不再干涉。

·及时给他们好的评价。有些员工总是会抱怨说，领导只有在员工出错的时候，才会注意到他们的存在。身为领导的你，最好尽量多给予下属正面的回馈，那就是公开赞美你的员工。至于负面批评可以私下里提出，或是离开工作场合，再进行能让人容易接受的批评。

·要让他们诉苦。不要打断下属的汇报，不要急于下结论，不要随便做出判断；除非对方强烈要求，否则不要随便提出自己的建议，以免流于"瞎指挥"。就算下属真的来找你商量工作，你的职责仍然应该是协助下属发掘他的问题。所以，你只要提供可供参考的有用信息和情绪上的支持，并避免说出像"你一向都做得不错，现在不要搞砸了"之类的话就可以了。

·及时奖励他们的成就。及时认可下属的努力和成就并给予奖励，不但可以提高工作效率和士气，同时也可以帮助下属建立起信心。

·提供必要的训练。支持员工参加职业培训，如参加学习班，或公司付费的各种研讨会等，不但可提供其必要的训练，也可提升下属的士气。有效的教育和训练有助于减轻烦躁情绪，降低工作压力，提高员工的创造力。

管理者是率领一个团队来完成工作的，只有真正关心下属，赢得下属的信任，你才能真正建立自己的影响力。这一道理，可以说是无人不知，无人不晓，但是关心员工也不是没有误区，很多年轻领导一到具体操作时往往就走入误区，这不能不说是一种遗憾。不管出于什么样的心理，如果想让自己成为一个像松下幸之助这样会用人、会做人的管理者，还是不要踏入"误区"这条河。

让我们看看误区有哪些。

·把关心下属等同于小恩小惠。这一现象在中层管理者中相当普遍。一些中层管理者觉得，既然自己对下属加薪、晋升等没有"生杀大权"，因此只能靠小恩小惠来表明自己在关心下属。小恩小惠只能博得下属一时的欢心，而更多的下属关注的是自身的职业发展和综合能力的提高。一旦你满足不了下属稍高一点儿的需求，下属就觉得你不是真正关心他们。况且小恩小惠往往是以牺牲组织整体利益为代价的，一旦曝光，对自己也很不利。

·好许诺空头支票。每个下属都有获得加薪、晋升的期望，作为年轻领导，你自然想抓住他们的这个需求进行激励。你是直接告诉他们你在为他们的加薪、晋升而努力，还是不说为妙呢？"不说"，你担心下属觉得你根本不关心他们。但是，轻率许诺的结果肯定会更糟。成熟的公司都有自己的一套关于薪金、晋升的规定和程序，并不是你个人能随意更改的事。一旦许诺落空，你在下属面前就威信扫地了。这样做也会使上司对你产生不好的印象，感觉你有野心，暗地里培养自己的人马。因此，千万不要轻易许诺。关心下属，重要的不是在说，而是在做。要让下属感觉到你真正在为他们的期待而努力、而行动，比如，在上司、下属面前夸赞你的下属，给下属展露才华的空间，放手让下属挑重担，等等。如果你已经做出了承诺，而由于情况发生变化，以致无法兑现，此时，最好的解决办法是向下属道歉并坦诚地告诉下属不能兑现的缘由，以求得下属的谅解。

·把关心下属的业务混同于关心下属。下属的业务，管理者都很重视，毕竟这关系到自己业绩的好坏。但过于关心业务，反而会使下属反感，觉得你对他不放心，怀疑他的工作能力。而且下属是一个活生生的人，有着多种需求，如果你只关心业务情况，没准儿会落个"冷血动物"的谑称。

·关心的内容与下属的真正需求背道而驰。例如，一名年轻的下属向你抱怨自己的工作太累，您可能觉得下属是希望涨薪水，于是，想方设法促使人力资源部为其加薪。其实，该下属感觉到累的真正原因是对自己不明朗的职业生涯忧心忡忡，是"心累"，实际需要上司关心的是其职业生涯发展。这就需要管理者深入了解自己的下属，从而使自己对下属的实际关心与下属的真正需求相吻合。

·关心下属的方式、方法不对头。如对一位新录用的推销员，你详细询问他如何宣传公司的产品、如何和客户建立关系等，你可能觉得这样做是在帮助下属发现自己的不足以提供指导，但下属可能会觉得你不信任他。又如，你在部门例会上对一位年资较长的推销员进行业务指导，但他可能觉得你并不是在关心他，而是让其出丑。以上两种情况，你的关心都可能使下属误解，不但不能起到应有的效果，甚至适得其反。

·不能一碗水端平。生活中这样的现象屡见不鲜。某些领导对一些人倍加信任，视为心腹，对其他人则处处防范，甚至让心腹去监视那些人。把下属分为三六九等。对心腹有求必应，特别优待；对那些与自己不冷不热的，用小恩小惠进行笼络或者不闻不问；对那些不听话的、有棱角的，则寻机给小鞋穿。不能一碗水端平的另一种表现就是对男女下属不一视同仁，觉得女性成就动机低，希望稳定、舒适的工作。于是，对她们的一些基本需求关心得多，而很少关心她们的职业发展等高级需求。不能一碗水端平，势必打击员工的工作积极性，产生内耗，不利于组织的团结。

·关心下属就是对下属有求必应。人的需求是无止境的，满足了一个需求又会产生另一个需求。下属的需求是多种多样的，有的和公司的目标一致，有的却与公司的目标背道而驰。作为年轻领导，你只能尽量满足下属那些与公司目标一致的需求，对不合理的需求要敢于拒绝，甚至给予严厉的批评。否则既害了下属，到头来也会害了自己。

·关心下属就是不批评下属。批评也是关心下属的一种方式，帮助下属改进提高。如果下属有了问题，不及时进行批评，将会使下属走得越来越远，犯的错误越来越严重，上司也会追究你管理不力的责任。当然，批评如果使用不当也会有副作用，如造成下属的逆反情绪，使上下级关系紧张，等等。因此，一定要注意批评的方式方法，照顾下属的自尊心，批评要对人不对事等。

·不关心下属的"牢骚"。每个人都会有不满，有了不满就会发

"牢骚",从而使自己得到心理上的放松。"牢骚"并不可怕,但作为年轻领导如果不去分析"牢骚"背后的原因,及时疏导,下属的怨气将会积小成大。而且这种不满很容易像瘟疫一样在公司中蔓延。一旦其他下属受到感染,一场大的动荡就在所难免。这时候,你想解决都没有机会。

·关心下属的"动机不纯"。不少管理者关心下属功利色彩过于明显,让下属觉得你并不是真正地关心、帮助他,而是在为自己的晋升拉选票。这样的关心不会有好效果。关心下属必须真正为下属着想,而不是"另有企图",否则就会弄巧成拙。

◆ 掌握恩威兼及的技巧和禁忌

有一次,松下乘车时,正好看见一位年轻人向两位警察大吵大闹,不但不理会警察的制止,反而对警察拳打脚踢。而这两位警察在对方的粗暴态度下,却始终是"打不还手,骂不还口"。虽然警察的善良使人感动,但松下还是忍不住对车内其他人说:"这实在是姑息养奸。"

松下认为,当这些人把劝告当耳边风,继续扰乱社会,使大众是非观念混淆不清的时候,最好的办法就是狠狠地给他一个耳光。这样,不管他原先多么蛮横,也会退缩反省。同时,也给围观的年轻人一个暗示:法律自有他的威严,在维持社会治安的功能上,是毫无疑问的强者,就像钟馗手握宝剑一样威严有力。他们就不敢再轻易地违犯法网。

从这点又可联想到企业管理,宽严得体在企业用人和培养人才方面都是很重要的。有些人能自动自发地工作,不需要别人督促,就能尽量不出差错。但也有不少人好逸恶劳,随时要靠别人鞭策他,给他压力,他才会谨慎做事。领导要有威严,才能让下属谨慎工作。所以,当下属犯错误的时候，领导应该一改往日的温和，立刻给以严厉的批评，并引导他走向正确的道路，绝不可敷衍了事。如果对下属纵容过度，则无法维持工作秩序，也培养不出好的人才。

松下的领导风格以骂人出名，但是也以最会栽培人才而出名，这两个不同的形象，就是透过真诚与关怀而整合在一起的。

恩威兼及，当然是"恩"在前，也就是对员工所做的有成效的工作要给以及时的表扬；"威"在后，那就是一旦下属做出了"出格"的事，一定要"勃然大怒"。不过，不论是"恩"还是"威"，都是有一定的技巧和禁忌的，万不可错用。在这里，我们列举一些"条条框框"供大家参考。

·表扬要发自内心。你也许听说过这么一句话："让虚假的表扬见鬼去吧。"这话说得很有道理。因为员工听得出你只是在随口说说而已，他们不会因此受到激励，反而会觉得恶心。

·表扬要有针对性。"干得不错"这种说法对提高士气可能有些好处，不过，其所指过于模糊。例如，可以说"面对某某人的当面嘲讽，你能保持冷静，真是不容易"，这种表达方式明确表示了你希望员工如何冷静地处理类似情况。

·表扬不要过火。表扬过于频繁跟很少表扬一样，都会影响员工的士气。再有意思的事，如果说了一遍又一遍，很快就会等同于废话。

·如何公开表扬。老板当着其他下属的面表扬了一个人，他连着几天都觉得自己像生活在极乐世界。不过，大家也很清楚，不够慎重的公开表扬同样也有弊病。那就是要想收到激励效果，就要对在场者都给予表扬，否则，就容易让人产生误会。因为，有不少人会有这样的理解，在公开场合对张三的表扬，可能就是对李四的间接批评。而一般情况下，聪明的领导应在员工取得大家都公认的成绩时，才采取公开表扬的方式。

· 多听听下属的建议。表扬固然中听，其实，最高的褒奖方式莫过于在重大问题上征求下属的建议。

· 找准机会表扬。许多领导可能会随口对某个员工表示一下欣赏，但是，优秀的领导却不会忘记寻找最为恰当的表扬员工的机会。最好每周都花些时间寻找一下员工值得褒奖的地方。

表扬是这样，发怒亦如此。

当你进行管理时，偶然发一顿脾气的效果，可能要比你冷言冷语挖苦或用激将法来得有效。只不过，这是需要掌握天时、地利、人和的，否则，在别人的眼中，你恐怕生气不成还要被讥笑为疯子呢。

真正懂得并精妙地运用"勃然大怒"于管理层面上的人，发怒的机会反而会越少，但其力量强劲深远。下面特别提出4项发怒守则，以供参考。

· 一战即胜的大发雷霆。真正能发挥效果的怒气，都着重事后的威力。故此，要掌握快、狠、准的要诀，不但要发对脾气，发对人，还要适得其所，才会有平地一声雷般的气势。只有这样，才能生出真正奏效的阻遏作用。而那种自以为是，怒形于色的咬牙切齿或恶狠狠地放冷箭伤人，不但没有效果，日子长了反而会演变成一种积怨，实际上是一点作用也起不到的。

· 货真价实的发怒。新上任的领导，为了日后可以容易管理，并使下属听命行事，通常会在上任的头几天安排一次完美无瑕的发怒表演，而目的就是警告众人："我可不是好惹的啊！"不过，可别以为发怒一定是可以事先安排好的，若你没有非凡的表演天赋，或已练就一身发威的好本领，那么，这样做的结果只不过是给别人留下笑柄，效果也绝对比不上一举发作时的真正怒气。

·勃然大怒应适可而止。如果想使在工作中发怒达到神奇的效果，自己发怒的原因与理由就一定要让其他人清楚地知道。因为发怒有理，才能发得心安理得，而事后彼此也能维持彬彬有礼的圆满结局。但最重要的，还是发怒时一定要知道及时收敛，要恩威兼及。否则若一时头脑不济而欲罢不能，动辄便来一次发作，三番五次没来由地大发雷霆，其后果就只有自己负责了。

·发怒要有发怒的分寸。发怒要对事不对人，但偏偏使你愤怒的对象正是你的老板时，为了升迁问题，也只好私底下自个儿捶胸顿足了。事实上，下对上发起怒来，若遇上的是一位通情达理的老板也就算了，怕就怕遇上一个小心眼儿又暴躁的人。所以，当你准备以下犯上时，要小心处理，而发怒的时机也是重要的因素。

只要秉持尊重的态度，并且见好就收，相信一般明白事理的下属，都会感同身受地听取你的宝贵意见。

当然，面对领导的大发雷霆，谁都会有抵触情绪。特别是当年轻领导由于经验不足，误解了下属的意思时，很有可能引起下属的不满和抱怨。面对喜欢抱怨的下属，年轻领导应该避免说哪些话，下属才不会噤若寒蝉呢？年轻领导又要如何引导，才能让下属从消极地看问题转变成主动寻找解决问题的方法呢？《管理》杂志认为，关键在于领导如何回应下属，而下面四句杀伤力极强的话，无论心情怎么恶劣，身为年轻领导的你绝不能脱口而出：

·"我帮不了你。"当下属碰到问题来向年轻领导求助时，这种回答根本解决不了问题，因为这句话的意思就是"我不愿意帮你"。比较有建设性的回答应该是："从这个问题看，你有什么好的建议？"这种应对显示出年轻领导愿意和下属一同面对问题，只不过请下属回去想一想有无更为妥当的解决之道，等有结果后再一起讨论。

· "公司政策向来如此。"这句话意味着年轻领导无视员工所发现的问题；或明知有问题，却拒绝改变现状。这是因为年轻领导多是从基层上来，心存"多年媳妇熬成婆"的思想，认定自己和下属都改变不了现状。殊不知客户需求及竞争环境时时在变，过去成功的做法，现在不见得还能奏效。细心的年轻领导，会提请下属想一想"竞争对手是否也有类似的困扰"等问题，通过对照分析，可以看清问题的症结，然后共同找出解决问题的方法。

· "没人像你这样抱怨。"没有其他人抱怨，不代表员工所反映的问题只是偶发事件，因为说不定其他人也有相同的困扰，只是没有胆量说出来。所以比较好的应对方式是问一下自己"其他人也有这种困扰吗？"而不论下属如何回答，新任领导都应该立刻查明，这种抱怨是个别状况还是普遍现象。千万不要让抱怨变成积怨，把矛盾激化。

· "不高兴，就请另谋高就。"这句话只能说明年轻领导的情商不够，别无其他价值。如果某位员工真的不再适合在自己这个部门待下去，新任领导应该建议上级将员工换个部门或岗位，看看情况能否有所改善。动辄就采用"吓小孩"的手法，那是留不住一流人才的。

总之，不管下属抱怨什么，年轻领导在回应前，不妨先想一下：这样处理可以解决问题吗？这样处理会不会让下属以后有问题不敢上报？这样回答真是就事论事，还是只为顾全自己的面子及威严？这样回答是帮助下属勇于承担责任，还是造成下属遇事就往上推而不敢负责？

◆ 培养下属先要给予信任

有一次，松下幸之助对他公司的一位部门经理说："我每天要做很多决定，并要批准他人的很多决定。实际上只有40%的决策是我真正认同的，余下的60%是我有所保留的，或者是我觉得过得去的。"

经理觉得很惊讶，假使松下不同意的事，大可一口否决就行了。

"你不可以对任何事都说不，对于那些你认为算是过得去的计划，你大可在实行过程中指导他们，使他们重新回到你所预期的轨迹。我想一个领导人有时应该接受他不喜欢的事，因为任何人都不喜欢被否定。"松下先生如是说。

松下先生还有过极其精彩的论述：

"如果一个人动辄得咎，总是挨骂，他的情绪一定会大受挫折，信心也在不知不觉中消失殆尽。一旦整个人在精神上萎靡不振之后，就算有高超的智慧与才能，也难以发挥了。所以，经营者应能以欣赏的眼光来观察下属的优点，那员工定将因受人尊重而振奋，对于上司交付的工作也能愉快地完成。如此，不但能发挥惊人的工作效率，甚至还能挖掘出优秀的人才。

"身为经营者，如果总觉得员工这也不行，那也不行，以'鸡蛋里挑骨头'的心态来观察下属，不但下属不好做事，久而久之，经营者也会发现周围已无可用之人（其实不是无可用之人，而是经营者本身不符合常规的求全责备）。所以，在他想要分配任务时，一定觉得不放心而犹豫不决。"

作为一名领导，你必须懂得增强人的信心，切不可动不动就打击你下属的积极性。应极力避免用"你不行、你不会、你不知道、也许"这些字眼，而要经常对你的下属说"你行、你一定会、你一定知道"。

信心对人的成功极为重要，懂得增强下属信心的领导，既是在给他的下属打气，更是在帮助他自己获取成功。管理不是独裁，在从事企业管理之际，尊重人权，重视个人，友善地询问和关切地聆听相当重要。

松下幸之助在信任员工方面堪称成功的典范。正因为松下先生创立的这种"以员工为本"，充分发挥在"用人"上的独特经营方式，所以被人们誉为"经营之神"，其获得成功的秘诀可以归纳为"十大法宝"。

法宝一：热情至诚对待员工

松下幸之助认为，"热情至诚对待员工"是获得成功的首要条件。他认为，只有热情至诚的为人才是走向成功的第一步，同时也是最重要的条件。

他经常说，做事情，搞经营，什么是最重要的呢？是经营者的热情，无论怎样才华横溢也无论怎样知识丰富，缺乏热情的人都无异于画饼充饥。他还认为，除了热情之外，还应加上诚实和坦率。看来，松下的所做所为总是把热情置于人际关系金字塔的顶端，而且又由坦率和诚实去支撑着它，这正是通往成功之路的三角关系。

法宝二：满怀真情信赖员工

松下认为，信赖可以激发员工潜在的能力，使他们加倍回报公司对他们的信任。不论经营公司或商店，所应注意的事情很多，而为了做到量才适用，使员工充分发挥他们的能力，其中最重要的一点就是满怀真情地信赖他们。如果以怀疑的眼光监视员工，则任何人都很难充分发挥潜力，正如老话所说的"用人不疑，疑人不用"。每一位员工都能在"受到信赖，受到委任而进行工作"的环境里，才能放手去发挥自己的潜力，企业才能获得良好的成果。

法宝三：发自内心真诚感谢

松下从未想过事业有成是因为靠自己的力量和自己的努力而达到的，他从内心里感谢自己的员工。他有一句口头禅是："松下公司今天所以基本上获得成功，是因为一些优秀人才自然而然地团结在我周围。"他还常说："我今天功成名就，正是托下属和客户的福。"这种发自内心真诚深表谢意的话语，自然而然地传到员工和客商的耳中，打动他们的心灵。

法宝四：教育员工日积月累

松下常说，自己所以有所成就，正是因为不厌其烦地做好每一天的事情。他指出："坦率地讲，我并没有那么长远的规划。珍视每个日日夜夜，做好每一项工作，这似乎是我有今日辉煌的秘诀。遥想当年，我仿佛并没有什么要兴建一座大工厂的远大规划。创业初期，一天的营业额仅1日元，后来又企盼一天的营业额增为2日元，达到2日元又渴求增至3日元，如此而已。我们只不过是热心地努力做好每一天的工作。"他认为，让青年们懂得胸怀大志的确是件好事，然而，为达此目的，需要日积月累，要珍视每一天的每一件工作，由此而循序渐进地有所长进。长此下去，最终将成就伟大的事业。

法宝五：诚恳收集员工信息

松下常常指出："听部下的话必须用心，对部下谈话的内容进行评价时，不能褒贬参半，必须鼓励他们的诚意、努力和勇气。"

他经常提出各式各样的问题，从社会现象到聊家常，有时甚至谈及公司的人事问题。他总是以非常感动的神情称赞对方，受到夸奖的部下感到高兴和欣慰，今后得到信息都要讲给他听。只要做出自己愿意听取谈话的姿态，部下就会源源不断地把信息传送给你。

法宝六：尽心尽力恪尽职守

松下在一次讲演中说："迄今为止，每当遇到难题的时候我都会扪心自问，是否将生命的全部精力都投入到工作中。当我感到非常苦闷时，就会认为看来是因为自己没有全身心地投入工作才会出现这种情形。因此，便全力以赴向困难挑战。""有了勇气，困难便不成其为困难，智慧的闪光和锐意改革的激情便会油然而生。在我的生命历程中，这种体验是很多的。"

领导人只要有身先士卒，带领下属建立这种为工作而死的决心，员工们便会心悦诚服地加以模仿。

法宝七：让人人都有使命感

每个人都是伟大的，任何人都能够成为英雄，只要他认为自己肩负着重要的使命。持有这种人生观就是懂得了做人、为人的基础，这一点对年轻人来说至关重要。松下认为，这种人才是难能可贵的，因为他的身上具有一种勇往直前的力量，把工作交给这样的人去办最能让人放心，因为他能够脚踏实地去做好他的工作。

对于领导者来说，最重要的事情正是帮助所有员工树立这种人生观。在很好地把握人生观的基础上让人人都有使命感，则必定能力促事业取得成功。

法宝八：爱憎分明适时愤怒

松下指出，信任员工能从领导方式上体现，而在管理中适当地表示对某种不合拍行为的愤怒，常能带来更有力的领导。领导者绝不能为坚持原则丧失所应表现的愤怒。

这里所谓的愤怒绝不是指个人感情上的发泄。因为这不是发泄私愤，而是站在整体利益的立场上，为某些人破坏整体利益而发怒。这个道理是显而易见的。身为一个领导者，在对某件事深思熟虑以后，认为该发怒时千万不可瞻前顾后，让自己的立场变得暧昧不明，更不应囿于私情而丧失了坚持原则所应表现的愤怒。

法宝九：良药苦口忠言逆耳

俗语讲，良药苦口利于病，忠言逆耳利于行。

松下对利于行的逆耳忠言有很深的体会。顾客的不满和下属的抱怨往往就是忠言中的一种。一般人对别人的意见都很厌烦，而且将有抱怨的下属视同"刺头"，总想整他们一下，却不去从自己身上找下属抱怨的原因。可是松下对这类抱怨反倒非常感谢。松下说："人人都喜欢听赞美的话，可是如果顾客光说赞美的话，一味地纵容我们产品的瑕疵，会使我们对更新产品的决心出现懈怠。没有挑剔的顾客，哪有更精良的产品。所以，面对挑剔的顾客要虚心求教，这样才不会丧失进步的机会。"他又说："别人的抱怨，经常是我们反败为胜的良机，我们常常在诚恳地处理别人的抱怨中，与他们建立了更深一层的关系，因此意外地获得了新的发展。所以，对于抱怨，我实在非常感谢。"

法宝十：民主作风开放经营

现代的经营者，应将自己的想法和公司的业务内容、方针尽量让下属了解，如此才能发挥强大的潜力。

当松下在开始创业时，松下电器公司的前身只不过是个私人的作坊，可是，他还是严格把私人收支和工厂开支分开。个人每天的收支一定记录在个人的收支本里，工厂的账簿则每月结一次，由会计整理。不但与个人收支完全分开，不相混淆，并且把工厂的收支情形按月向员工报告。这种制度，在最初只有10个员工的时候就已经开始实施了。后来，松下电器改成股份有限公司，当然，个人的利益和公司的利益更要截然分开，而每年的结算也不只在公司内公开，还要向社会大众公开。为了使员工能抱着开朗的心情和喜悦的工作态度，他认为采取开放式的经营确实比较理想。开放的内容不只是财务，甚至技术、管理、经营方针和经营实况，都尽可能让公司内员工了解。

松下认为，企业经营应该采取民主作风，不可以让部下存有依赖上司的心理而盲目服从。每个人都应以自主的精神，在各负其责的前提下独立工作。所以，企业家更有义务让公司员工了解经营上的所有实况。总之，一个现代化的经营者必须有"宁可让每个人都知道，不可让任何人心存依赖"的认识，才能在下属间激起一股蓬勃的朝气，推动整个事业的发展。

由于他采取的是这种开放式的经营，所以每一个员工都异口同声地说："松下电器不是松下幸之助一个人的，而是全体员工所共同经营的公司。"像这样全体员工都有责任感的环境，自然能培养出优秀的人才，企业也会蒸蒸日上。

◆ 下属犯错时给以必要的谴责

有一次，松下公司里有一位重要干部犯了错，松下决定给他"谴责状"作为警告，于是把他请进办公室来。

松下说："对于你犯的错，我将发给你谴责状。如果你觉得不满，那就不必谈了，我也不想浪费这谴责状；但如果你认为被斥责是应该的，那么就应不断地反省自己的过错，这将会使你成为一个有作为的人，这张谴责状也有了价值。你觉得如何？"

这个人回答说："我了解您的苦心。"

松下先生又说："如果你真正的这样理解，我就把这谴责状给你。"并请他的同事和上司为他做了见证。

为了让大家也能了解自己的一番苦心，松下说："你们是非常幸福的。如果有人也这样谴责我，我不知会有多高兴。如果我犯了错却没有人给我多方面的指导谴责，那么以后我就可能会犯同样的错误。现在你还有我和其他的上司来指导、谴责，但这种机会是职位越高的人越不容易得到，所以应该当作一次很珍贵的机会。"

也许这种警告方式是很特殊的，使对方能虚心接受而改进，这样，对受到惩罚的人将会很有作用。

有些人业务能力娴熟，在工作上也确是一把好手，但就是他的性格刻薄自私，为人挑剔，心胸狭窄，而他却又恰恰是你的下属，并且又不能让他一走了之。此时此刻，作为年轻领导的你必须给予他及时的忠告，因为根本没有人会愿意与他一起工作。

记住，给予下属及时的忠告是当领导义不容辞的责任，没有什么可推卸的理由。但在给予下属忠告时，一定要学一学松下先生发给谴责状的做法，也就是让自己的下属切实了解到自己可能发现不了的不足之处。

下面这些忠告可供愿意善待下属，能无微不至地关怀下属进步的年轻领导来参考。当然，你的下属也是那种能够听进别人劝告的人。对于那些不肯改进的人，最好还是请他另谋高就，千万别让一粒老鼠屎坏了一锅粥。这些忠告还可以用来教育新员工，让他们懂得办公场所的礼仪。

·尊重别人的私人空间。在办公室里，私人空间是很宝贵的，必须受到尊重。"打搅一下""不好意思"是有求于人或打断别人工作时必不可少的"口头语"。另外，谨记先敲门，获得允许后再进入别人的办公室；不要私自阅读别人办公桌上的信件或文件；未经许可不要翻阅别人的名片盒等属于个人的物品。

·学会办公室起码礼仪。办公室的礼仪有方方面面，这类书籍也不少，有必要请他们看一看。

打电话：若要找的人恰巧不在，别让他的同事替你记下一大段口信，应请他转拨至电话录音，留下自己的姓名、电话号码以及简单的内容，然后挂线。

复印机：当你有一大沓文件需复印，而排在你之后的同事只想复印一份时，应让他先用。如果复印机纸用罄，谨记添加；若纸张卡塞，应先处理好再离开，如不懂修理，就请别人帮忙。

在走廊：如非必要，不要打断同事间的对话。假如已经打断，应确保原先的同事不被忽略。

保持工作场所的清洁：如果有公共厨房，别将用过的咖啡杯堆放在洗碗池内，亦不要将糊状或难以辨认的垃圾倒入垃圾箱。此外，避免用微波炉加热气味浓烈的食物。若加热时菜汁四溅，切记抹干净微波炉内后再离开。若你喝的是饮水机里的最后一杯水，请设法换上新桶。

办公桌：所有食物必须及时吃完或丢掉，否则你的桌子有可能会变成苍蝇密布的垃圾堆。

洗手间：如厕后切记冲水并确保所有"东西"已被冲走。若厕纸用完，请帮忙更换新的。废物应准确地抛入垃圾桶。

·钱财或用具有借有还。假如同事顺道替自己买快餐，请先支付所需费用，或在他回来后及时把钱交还对方。若自己刚好钱不够，也一定要在翌日还清，因为没有人喜欢厚着脸皮向人追讨金钱。同样地，虽然公司内的用具并非私人物品，但也必须有借有还，否则很可能妨碍别人的工作。

·严守工作纪律和条规。无论所在的公司管理如何宽松，也别过分从中取利。可能没有人会因为你早下班15分钟而指责你，但是，大模大样地离开只会令人觉得你对这份工作不投入、不敬业，那些需超时工作的同事反倒觉得自己多余。此外，也别滥用公司给你工作用的作私人用途，如在办公室打私人长途电话。

·沉默是金并远离是非。即使同事在某些方面的工作表现不尽理想，也不要在他背后向其他人说起，说三道四最容易引起同事间的不信任。道理非常简单：当某同事在你面前说别人是非时，难道你不会怀疑他在其他人面前如何形容你？

领导通常极其厌恶别人搬弄是非。若你向某领导打小报告，只会令他觉得虽然你是"局内人"，却未能专心工作。假如领导将公司机密告诉你，谨记别泄露一字半句。

·各种场合别随意插话。别人发表意见时中途插话是一件极不礼貌的事情，更影响别人对你的印象和你的信誉。尤其在会议中（几乎是任何时候），请留心听别人的说话。若你想发表意见，先把它记下，待适当时机再提出。

·别在工作场合乱炫耀。若你刚从充满阳光的海滩度假回来，当然不能一下掩盖你古铜色的肌肤，但也别在一直埋头苦干、连气也几乎喘不过来的同事面前手舞足蹈地描述你愉快的假期；亦不要在尚是独身的同事面前夸耀你那俊朗不凡、体贴入微的丈夫或情人；或是在肥胖的同事面前自夸"吃什么也不会胖"，这样只会令别人讨厌你疏远你，因为你太不会讲话了，或者说你根本不知道应该在什么场合说什么话。

·多称赞别人好处多多。有些人可能太忙，对事情往往无暇做出正面的回应，诸如表示感谢和赞美的话语都让那些人惜墨如金，忽略了这种简单却有效、随时能令你所称赞的人有助你一把的表现，最容易把办公室的气氛搞僵。

称赞别人的其他好处有很多：前台接待员会提醒你今天某个领导不在办公室；同事会在工作限期前不断催促你等，但最重要的是，它是人际关系的润滑油。只要你多称赞别人，便可能得到不可估量的回报。

·别虚耗别人宝贵时间。虚耗别人的时间是最常见的过错，好些人之所以要把工作带回家，全因为只有这样才可在没有任何妨碍下完成工作。因此，别写长篇大论的电子邮件，可用标题显示"紧急"，内容也务必简洁。打电话时别随意挂线，假如你和别人谈话时，一个更重要的电话接来，应请第一谈话方先挂线，迟些再回复他。

对守时的人来说，等待迟到的人开会绝对不是好事。假如你是会议负责人，请在会议前一天把有关的备忘、议程等分发给各人。会议的举行时间最好是下班前30分钟，因为此时人人赶着下班，会议能更有效地进行。也请准时开始会议，别等迟到的人。

别烦扰上司：不要事无大小都请示领导。若真需要领导的帮忙，应先预备方案再寻求他的指示。

别多嘴：本来同事之间倾谈并无不妥，但也要自律。若你正在休息，别人可能刚好相反，最好避免令同事分心。若你的同事经常进入你的房间，可试试背着大门坐；若情况不受控制，可搬走你的会客椅，对方便不会久留。

尽管你在工作上得心应手，但有时还是难免遇到一些莫名其妙的阻力。你应仔细检讨一下自己是否在以下一些问题上做得不好，贻误了自己的发展。你有点小毛病，也许你认为这是人之常情，谁没有一点儿？但实际上，正是这些小毛病让你一再和升职加薪擦肩而过。当然，有些枝枝节节的细小问题可能算不上什么，但也不能不引起注意，不妨让我们在列举一些。

·听人是非。当某同事向你转述某人对你的不满之后，你当然很气愤，就会做出言语上的反击。然而，这种做法恰恰中了散播是非者的计，因为他可以拿着你在气愤时说出的话，向某人再度转述。

·估计公司的前景。不要自作聪明估计公司前景，然后再用专家的口吻去判断事情，这样做是作为下属的大忌。

·乱讲加薪幅度。在商业机构中没有绝对公平，每个人加薪幅度的多少，只能证明老板对自己的印象和喜爱程度，而不一定标志工作能力的高低。

·说话太多。一些人在开会时滔滔不绝地发表意见，实际上是在自招祸患。所谓"言多必失"。

·自以为小聪明的谎言不会被拆穿。比如，你想偷点懒，让自己的神经放松一下。但时间一长，就懒惰成瘾，为了不让人看穿，就会动用小聪明，用谎言来掩饰。久而久之，谎言就会有太多的漏洞，不要以为你周围的老板和同事都是笨蛋，都会被你的小聪明给欺骗。一旦有几个谎言被拆穿，你在办公室的地位和信用就会一落千丈，很难再翻身。想想，如果你是老板，会用一个不诚实的人吗？

·千错万错都是别人的错。谁都会在工作上有一些失误，关键是你的态度。如果只会一味地抱怨别人，不从自己的身上找缺点，就会引起同事的不满，下次合作的时候不会很融洽。在工作中一个人一旦被孤立起来，找不到志同道合的合作者，你就离辞职不远了。很多有远见的人懂得在恰当的时机勇于承认错误，愿意承担责任，这样的人会博得同事的同情、理解甚至尊敬，拥有良好的人际关系，下一次做事的时候就不会身陷孤立。

·传播八卦新闻。"八卦新闻"有些时候也算是员工联络感情的方式之一，说八卦适可而止也许无伤大雅。但最怕的就是变本加厉，自己变成了"广播站"站长，有事没事就在办公室竖起耳朵四处巡查，然后再把听到的又添油加醋地传播出去。花边新闻迟早会传到当事人的耳中，而受害者对传播"八卦新闻"的罪魁祸首的怨恨也迟早会发作。

·总让情绪影响工作。你在工作的时候情绪低落，办事的效率不高。"唉，最近和男朋友吵架了。""你不知道，我昨天刚刚失恋。"……把这样的情绪带到工作中，而且成为工作不出色的借口，上司就会觉得你是一个不太善于管理自己情绪的人。职场是个很现实的地方，老板才不会管你的情绪，只要你的工作出色就可以，如果你的情绪总是不稳定，或是不能控制自己的情绪，老板就会认为：你连自己都控制不了，怎么能胜任自己的工作呢？

· 办事拖拖拉拉。当天不能办完当天的事情原因很多，比如，场地没有联系好，该找的人没有找到……但如果这样的理由重复了几次后，老板就会认为你没有工作能力，或者是对工作不够尽心尽力，即使你下次确实有这样的理由，老板也会认为你在为自己的懒惰寻找借口。一旦在别人的心目中形成这样的印象，绝对不是一个好兆头。

· 自恃清高，好高骛远。工作中需要自信，办事需要果断，但必须清楚自己的实力，知道自己的特长，找准自己的定位。不要以为自己样样全能，职场是一个非常讲究效率的地方，很多人以为在最短的时间内爬到最高的位置就是强者，其实真正笑到最后的，反而是那些踏踏实实站稳脚跟、有实力的人，没有相应的实力，即使身处最高的位置，也会因为坐不稳而跌下来。

· 做事没有条理。每次你办事的时候总是缺东少西，好像你需要的每一样东西都故意和自己作对，想找到它们的时候总找不到。其实这些都有可能是你办事杂乱无章，没有一个切实可行的计划。即便你总能在满头大汗之后完成工作，但由于不能合理地分配时间，合理地利用资源，也会给年轻领导留下一个毛糙的印象，以致不敢委以重任。

· 总让大家等你一个人。无论是上班还是开会，你都会迟到几分钟，也许你并没有在意。但就是那几分钟，已经足够引发大多数人对你的抱怨。也许会认为你自由散漫，也许会认为你没有学会尊重别人。久而久之，下次开会的时候就会把你排斥在外。把同事都得罪苦了，你面临的每一个日子都"今天有点烦，以后更麻烦"。

·事事插手。在工作中帮助别人是一个好习惯，但应该有个限度，不应该插手的时候最好学会装聋作哑，千万不可越俎代庖，总是发表自己的高论。当员工不是当领导，不要去做那些只有领导才应该做的事情，应当学会给自己多留下一点空间。

虽然松下幸之助是个非常会用人的"经营之神"，但松下公司并非没有"开"过人。有一些人实在是麻绳穿豆腐——提不起来，最好还是请他走人。因为，现代社会竞争激烈，没有必要像幼儿园阿姨那样哄着他们。像下列几种人，就是几种最应该被"炒"掉的人。

·不懂得承担责任的人。有些人从来就不愿意承担任何责任，只考虑自己能得到多少利益，而从不看一看自己贡献究竟有多少。

·缺乏团队精神的人。这些人过于关注于自己的专业，根本不注意其他人，从不积极地与其他人或其他部门努力沟通。表面上看他没有失误，但是给集体带来的损失却是巨大的。

·不愿改变现状的人。有些人无法适应环境变化，更不会主动提高自己的技能，因此也不能配合企业的变革。外面的环境在改变，这些人却觉得过去的方式很好，不愿意改变自己去适应新技术和新文化。特别是他们经常与改革唱反调，是企业进步的绊脚石。

·缺乏向心力的人。向心力就是要认同企业的文化和做法，能够和大家一道为之努力。一个人绝对没有一个团队强，大家都往同样方向努力才会实现企业的目标。

·不了解其他人需求的人。有些人一直换工作可能有两个原因：一是本身没有想清楚自己究竟适合什么样的公司；二是不知道别人的需求到底是什么，总认为自己最好。有些人总认为错误的产生都是别人的过错，从不反省自己，不清楚该在企业里扮演什么角色。也许他自己还觉得自己做得很好，但就是不符合企业的需求。要用心倾听才能真正知道别人的想法与需求。

每个初进社会的人必须懂得在集体中生存，并且应该有所贡献。能力与聪明不在于拥有多少，而在于能运用多少。有人有能力却没有多大贡献，原因是他不知道公司的需求，而只活在自己的世界里，不了解别人的需求。

有些人可能会质疑为什么让一个学历、能力都不错的人离职。其实，要不要留住一个员工主要看他是否能持续对企业有所贡献，现代社会不可能像古代的孟尝君一样，养兵千日只为用在一时。如果安排给他的任务一直没有完成，那么他的能力、学历再高也不适合公司。另外，一个人即使对企业有贡献，却不断制造问题（也许是不合作或是不满意企业的气氛），而且问题大于贡献，这种人也一样不能留。